Lothar Lochmaier

Bank 2.0: Die Killerapp

Lothar Lochmaier

Bank 2.0: Die Killerapp

Wie Kunden die Bank von morgen gestalten

Bloggingbooks

Impressum/Imprint (nur für Deutschland/only for Germany)
Bibliografische Information der Deutschen Nationalbibliothek: Die Deutsche Nationalbibliothek verzeichnet diese Publikation in der Deutschen Nationalbibliografie; detaillierte bibliografische Daten sind im Internet über http://dnb.d-nb.de abrufbar.
Alle in diesem Buch genannten Marken und Produktnamen unterliegen warenzeichen-, marken- oder patentrechtlichem Schutz bzw. sind Warenzeichen oder eingetragene Warenzeichen der jeweiligen Inhaber. Die Wiedergabe von Marken, Produktnamen, Gebrauchsnamen, Handelsnamen, Warenbezeichnungen u.s.w. in diesem Werk berechtigt auch ohne besondere Kennzeichnung nicht zu der Annahme, dass solche Namen im Sinne der Warenzeichen- und Markenschutzgesetzgebung als frei zu betrachten wären und daher von jedermann benutzt werden dürften.

Coverbild: www.ingimage.com

Verlag: Bloggingbooks ist ein Imprint der
Südwestdeutscher Verlag für Hochschulschriften GmbH & Co. KG
Heinrich-Böcking-Str. 6-8, 66121 Saarbrücken, Deutschland
Telefon +49 681 37 20 271-1, Telefax +49 681 37 20 271-0
Email: info@bloggingbooks.de

Herstellung in Deutschland (siehe letzte Seite)
ISBN: 978-3-8417-7017-2

Imprint (only for USA, GB)
Bibliographic information published by the Deutsche Nationalbibliothek: The Deutsche Nationalbibliothek lists this publication in the Deutsche Nationalbibliografie; detailed bibliographic data are available in the Internet at http://dnb.d-nb.de.
Any brand names and product names mentioned in this book are subject to trademark, brand or patent protection and are trademarks or registered trademarks of their respective holders. The use of brand names, product names, common names, trade names, product descriptions etc. even without a particular marking in this works is in no way to be construed to mean that such names may be regarded as unrestricted in respect of trademark and brand protection legislation and could thus be used by anyone.

Cover image: www.ingimage.com

Publisher: Bloggingbooks
is an imprint of the publishing house
Südwestdeutscher Verlag für Hochschulschriften GmbH & Co. KG
Heinrich-Böcking-Str. 6-8, 66121 Saarbrücken, Deutschland
Phone +49 681 37 20 271-1, Fax +49 681 37 20 271-0
Email: info@bloggingbooks.de

Printed in the U.S.A.
Printed in the U.K. by (see last page)
ISBN: 978-3-8417-7017-2

Inhaltsverzeichnis

Vorwort

- **Wie dieses Buch entstand**

Autos, Türen und Banken, was haben diese drei Dinge gemeinsam? Man weiß nicht, was sich dahinter verbirgt. Mit diesen Worten leitete ich mein im Mai 2010 erschienenes Buch „Die Bank sind wir“ ein. Fast ein Jahr zuvor, am 19. Juni 2009, hatte ich mein „Weblog Social Banking 2.0 – der Kunde übernimmt die Regie“ gestartet. So konnte ich mit Interessierten meine Ideen austauschen. Das war und ist ausgesprochen wertvoll, um als Journalist und/oder bloggender Berichterstatter auch mit persönlicher Färbung neue Ideen zu generieren.

Die wichtigsten Beiträge aus meiner nun fast dreijährigen Tätigkeit als „Finanzblogger“ möchte ich zum Jubiläumsdatum meines Blogbestehens hin verdichten, erweitern und unter neuen Blickwinkeln aufbereiten, unter dem ich die Innovationsdefizite und -potentiale in der Bankenbranche begleite. Es handelt sich hier also um kein billiges „Copy-and-Paste“.

Was könnte sich dafür besser eignen als bloggingbooks.de, eine Plattform, die sich der Aufgabe widmet, der vielsprachigen Blogosphäre eine gedruckte Stimme im deutschsprachigen Verlagswesen zu geben. Für inhaltliche und konzeptionelle Anregungen danke ich der Finanzsoziologin Dr. Anke Wahl.

Die Ausgangsfrage für die Blogreview zum Thema Social Banking 2.0 lautet nun wie folgt: Gibt es eine oder mehrere Killerapplikationen in der Finanzindustrie, oder bleibt im großen Spiel letztlich alles beim Alten? Fest steht: Es ist definitiv an der Zeit, über die Zukunft der Banken und Finanzindustrie nachzudenken, um neue Wege zu beschreiten.

Doch wird das, was viele als die neue Macht des Kunden bezeichnen, tatsächlich bessere und transparentere Geschäftsmodelle im Netz hervorbringen, oder bleibt am Ende alles auch unter neuer Flagge von IT-oder Telekommunikationskonzernen weiterhin eine riesige Illusionsmaschinerie, die uns Sicherheit und Rendite gleichzeitig vorgaukelt?

- **Bank 2.0: Das Kleingedruckte ändert die Geschäftsbedingungen (AGB)**

Meine These lautet: Es wird definitiv nicht beim „business as usual“ in der Finanzindustrie bleiben. Wir befinden uns bereits inmitten von einem gravierenden Wandlungsprozess, so mein Fazit auf den folgenden Seiten, das ich so kurz wie möglich gehalten habe. Es besteht, statt aus langatmigen Essays, vor allem aus zehn Kernthesen zur künftigen Entwicklung der globalen Bankenlandschaft, unter dem Einfluss des Internets.

Meine kreative Vorausschau richtet sich vor allem an eine Lesergruppe, die jenseits der durchschnittlichen Medienberichte nach kreativen Blickwinkel auf unsere Geldökonomie Ausschau hält. Kurzum: Lesen sollte dieses Buch jeder, der sich nicht unbedingt in der Mitte des Schwarms am wohlsten fühlt.

Zur Struktur dieses Buchs nun einige Erläuterungen, damit die Leser den roten Handlungsfaden nicht verlieren. Am Ende jedes Kapitels bzw. nach jeder Killerapplikation folgt ein Auszug aus meinem Roman „Schattenbanken“, der mit den kreativen Stilmitteln eines Wirtschaftskrimis eine Branche ins Licht setzt, die bislang lieber im Diskreten blieb.

Das Werk ist eine kreative Mischung aus Roman, Sachbuch und Szenariowerkstatt, die sich mit der Frage auseinandersetzt: Wer oder was sind Schattenbanken? Der Leser soll durch die szenarioartige Ergänzung, die ebenso wie die übrigen Essay-Passagen auf meiner Arbeit als Blogger und Journalist basiert, noch einmal den Horizont weiten.

Zum Inhalt dieser inhaltlichen „killerapps“, platziert an entscheidenden Nahtstellen dieses Buchs. Schattenbanken, wer ist das? Die Staatengemeinschaft? Finanzindustrie? Hedge Fonds? Steueroasen – es kursieren viele Begriffe zu den Schattenbanken, oder ist am Ende der Bürger der letzte auszuhebelnde menschliche Rettungsschirm? Ich illustriere darin die Welt der kleinen und großen Schattenbanken aus dem Blickwinkel der Informationssicherheit. Im Mittelpunkt stehen Computerhacker, die ihr Werk aus unterschiedlichen Motiven verrichten.

Die fiktive Frankfurter Handelsbank sieht sich dabei aus dem Blickwinkel der Verteidigung heraus immer neuen Attacken von unterschiedlichen Seiten ausgesetzt. In dem Roman eine zentrale Rolle spielt deshalb Chief Security Officer Sebastian Heilfrisch, dessen hermetisch abgeschlossenes Firewall-Konzept auch intellektuell immer mehr ins Wanken gerät. Auf Seiten der Angreifer rückt zum einen die Berliner Hackergruppe namens Virology dem Finanzinstitut immer näher, während aus dem Reich der kriminellen Schattenwirtschaft die russische Organisation Limes die Frankfurter Handelsbank ins Visier nimmt.

Der Handlungsstrang der Szenariowerkstatt kurz zusammengefasst: Sebastian Heilfrisch (48) leitet die Stabsstelle IT-Sicherheit bei der fiktiven Frankfurter Handelsbank. Das global verzweigte Institut sieht sich verstärkt Hackerattacken ausgesetzt, die nach und nach die Grundfesten der Geschäftstätigkeit erschüttern. Doch weder gelingt es, die Urheber der Angriffe ausfindig zu machen, noch greifen die eingeleiteten Gegenmaßnahmen. Am Ende scheint es keinen Ausweg aus einem albtraumhaft anmutenden Bedrohungsszenario zu geben.

Und nun wünsche ich viel Freude mit diesem Buch, bei dem sich die Leser gerne auch selbst in die Diskussion über die zahlreichen Sende- und Empfangskanäle in den sozialen Netzwerken einbringen

Prolog

● Abschiedsbrief an meine Hausbank [1]

Liebe Hausbank – und nicht ganz so liebe Vermögensverminderer,

In der letzten Nacht fiel es mir wie Schuppen von den Augen: Ich brauche Euch nicht mehr. Ihr holt mich wie der Ehemann seine Zweitfrau aus dem Schrank, wenn Ihr mich braucht, und stellt mich wieder zurück, wenn ich meine Schuldigkeit getan habe.

Mir ist klar: Unsere Beziehung ist zerrüttet, ich lasse mich jetzt scheiden, denn Ihr zwingt mich zu einem Nomadenleben, dauernd auf Achse, immer auf der Suche nach dem nächsten Schnäppchen.

Wenn ich Neukunde bei Euch geworden bin, senkt Ihr die Zinsen, und dann muss ich weiter ziehen ins nächste Dorf, wo ich auf eine neue grüne Oase mit frischem Wasser hoffe. Aber auch dort bin ich schnell enttäuscht, man schickt mich weiter, sobald es mir etwas besser geht.

Warum sprechen wir zwei so unterschiedliche Sprachen?

Ihr seid nicht loyal zu mir, also bin ich nicht loyal zu Euch. Ihr führt mich mit Euren windigen Produkten aufs Glatteis, jetzt muss ich weiterziehen. Denn ein Zuhause gibt es für mich nicht mehr, ich habe meine Heimat verloren. Durch das Dach meines Hauses dringt immer mehr Wasser von außen ein, bis es schließlich einstürzt.

Liebe Hausbanker und Vermögensjongleure, besucht mich bitte auch nicht mehr zuhause! Denn ich habe keines mehr. Eine Flasche Wein ist keine Entschuldigung für eine miserable Geldanlage. Ich bin jetzt immer unterwegs, Ihr werdet mich nicht mehr finden. Dies ist mein letzter Brief, den ich Euch schicke. Es ist alles ge-

1 Quelle: Blogeintrag in Social Banking 2.0 v. 22.02. 2011. Link: http://lochmaier.wordpress.com/2011/02/22/nomadenleben-abschiedsbrief-an-meine-hausbank/.

sagt. Ich habe endgültig mein neues finanzielles Nomadenleben begonnen. Und es macht mir sogar richtig Spaß …

Einführung: Was ist eigentlich eine Killerapp?

Ich gebe es gerne zu. Ich mag den schillernden Begriff Killerapplikation nicht besonders gerne. Ich habe auch keine Ahnung, wer diesen geflügelten Ausdruck erfunden hat. Er klingt so nüchtern wie der elektrische Stuhl in den USA, wo heute immer noch teils unschuldige Menschen mit bürokratischer Routine hingerichtet werden. Kombiniert mit einer technischen Anwendung wird die ganze Verharmlosung erst sichtbar, wo ein gewaltsamer Vorgang etwas auf grundlegende Art und Weise verändert. Trotzdem hat es dieser Kunstbegriff, dessen Ursprung heute keiner mehr kennt, bis in den alltäglichen Sprachgebrauch geschafft, insbesondere durch den Einzug der Informationstechnologie in unser Leben.

Schaut man im Internetzeitalter wie jeder durchschnittlich gebildete Mensch auf der Plattform Wikipedia nach, so findet man dazu folgende Erläuterung, was wir unter einer Killerapplikation verstehen dürfen: Dabei handle es sich um eine konkrete Anwendung (englisch: application), die einer schon existierenden Technologie zum Durchbruch verhelfe. Die Namensgebung leite sich daher ab, dass ähnliche und oft ältere Konkurrenz-Technologien schnell verdrängt, also getötet (englisch: to kill) würden.

Im heutigen modernen Sprachjargon wird der Begriff zweifellos ausgesprochen inflationär verwendet, um den technologischen Wandel zu beschreiben, gerade wenn man ihn oftmals schwer mit Worten greifen kann. Bei einer Killerapplikation handelt es sich manchmal nur um ein technisches Accessoire von geringer Durchschlagskraft, um einen von Marketing und Werbung aufgepeppten Kunstbegriff, um zu zeigen, man hat als Unternehmen hier das beste neue Produkt in der „Pipeline“.

Davon unterscheiden sich grundlegende Innovationen dergestalt, dass sie nicht nur rein technische Neuerungen darstellen, auf der Basis neuer Patente etwa wie dem MP3-Player, der erst durch neue Komprimierungsverfahren möglich geworden war. Wer hätte in den achtziger und neunziger Jahren des vergangenen Jahrhunderts daran geglaubt, jedermann sei bereit, auf ein im Fachjargon als „Verfahren zur verlustbehaftete Kompression digital gespeicherter Audiodaten zurück zu greifen. Der weltweite Siegeszug dieser technischen Killerapplikation wurde aber erst möglich durch das von Apple entwickelte Abspielgerät von Musik, der allseits bekannte iPod. Um also eine bahnbrechende Applikation zu generieren, bedarf es einer geheimnisvollen Mixtur aus technischen, kulturellen, wirtschaftlichen und sozialen Rahmenbedingungen, die sich plötzlich wie von Geisterhand gesteuert aufeinander zu bewegen.

Das gilt erst recht für die Welt der Banken. Die Welt der Bank 1.0 ist eine hermetisch nach außen abgeschlossene, in die kein Außenstehender Einblick erhält. Das Leitmotiv der Bank 2.0 wäre das krasse Gegenteil davon, offene Türen, ein angenehmes Raumklima, der Kunde sitzt mit am Regiepult. Damit dies Realität wird, müssten sich unterschiedliche Entwicklungen zu einer kongruenten Killerapplikation verdichten, um die Bankenwelt in den kommenden Jahrzehnten zu verändern.

Warum sich dieser Veränderungsprozess nicht sofort, sondern innerhalb von zwei bis drei Dekaden vollziehen wird, lässt sich dadurch erklären, dass es eine neue Generation erfordert, um die Spielregeln in der Wirtschaft anhand einer so bahnbrechenden Basisapplikation wie dem Internet zu verändern. Für die in den achtziger Jahren geborenen Menschen gehört das world wide web bereits von Klein auf zum Alltagsinstrument, während die zuvor Geborenen vielerorts die damit verbundenen Veränderungen in der Arbeitswelt kritisch beäugen. Die Generation „nicht kompatibel abwärts“ wird den Wandel im Nutzerverhalten wie selbstverständlich vorwärts treiben, während andere Bedenkenträger noch darüber diskutieren, ob das Internet für den menschlichen Fortschritt eine schädliche oder nützliche Innovation darstellt.

Ob wir es infolge der Appmania, von denen jeder mobil telefonierende Bundesbürger schon unzählige auf seinem mobilen Gerät besitzt, mit einer digitalen Zeitenwende zu tun haben, lassen wir mal dahin gestellt. Letzten Endes sind Apps nur Applikationen, also Bausteine, die eine Basistechnologie und kein inhaltliches Konzept darstellen. Nehmen wir zum Beispiel die Finanzbranche. Da ist die Rede von Brokerage-Apps, vom mobilen Finanzberater, der einem an jeder Straßenecke den passenden Anlagevorschlag unterbreitet, oder einem als Avatar auch nur den Weg zum nächsten Geldautomaten weist.

Was sollen wir von dieser finanziellen Appmania halten? Die Riege der Berater wird es uns sicherlich gegen eine gewisse Aufklärungsgebühr erläutern. Denn es fehle, so die Riege der professionellen Consultants, in der Finanzbranche an einer Gesamtstrategie - im Fachjargon nennt man so etwas eine ganzheitlich verzahnte

Multikanalstrategie. Das klingt doch sensationell, emotionalisierend, geradezu überwältigend.

Wo aber liegt der Nutzen der kleinen Himmelsstürmer wirklich? Vielleicht braucht es gar keine komplett und genial ineinander verzahnte Gesamtstrategie, wie von einem göttlich angehauchten Komponisten orchestriert. Vielleicht reicht schon ein nützliches Werkzeug, das uns nicht neues technisches Blendwerk suggeriert, sondern einen ganz praktischen Vorteil im mobilen Alltag bietet. Kein Wunder also, wenn eine ganz simple App für die Verwaltung von Reisekosten bei iTunes einer der mobilen Renner ist. Aber die ist erstens kostenlos - und zweitens stammt sie nicht von Banken.

Ich bin deshalb gespannt, wo die wirkliche Killerapplikation in der Bankenszene liegen wird. Was ist folglich der Unterschied zwischen einer Killerapplikation und einer kleinen harmlosen Killerapp? Ganz einfach. Viele kleine Puzzleteile ergeben ein komplett neues Bild, das sich dem Betrachter erst durch Zusammenfügen der einzelnen Bausteine erschließt. Oder anders ausgedrückt, die Summe aller Killerapps - in diesem Buch habe ich beispielhaft die Zahl Zehn aufgelistet – ergibt eine einzige Killerapplikation.

Zum Vergleich: Weltweit soll es in zwei Jahren bereits rund 76,9 Milliarden Apps auf mobilen Endgeräten geben. Das sind zehnmal mehr als die gesamte Weltbevölkerung mit rund sieben Milliarden Menschen. In Deutschland sollen es 15 Millionen überwiegend über die mobilen Betriebssysteme Android und Apple genutzten Apps sein. Demnach soll jeder Bundesbürger durchschnittlich 17 kleine Zusatzapplikation auf seinem Gerät nutzen.

Was bedeutet dieser kaum zu übersehende Trend? Dieses Buch unternimmt den Versuch, die einzelnen Entwicklungen rund um die Killerapp in der Finanzwelt 2.0 auf pointierte Art und Weise zu beschreiben, die zwischen alter und neuer Bankenwelt gerade stattfinden. Der verkürzte Begriff App verweist dabei auf die wachsende Bedeutung der mobilen Kommunikation mit Smartphones und Tablet PCs, die unseren Alltag in den letzten Jahren bereits erobert haben. Gerade in dieser scheinbar harmlosen Innovation lauert das große Potential.

Der britische Historiker Niall Ferguson sieht in seinem Buch Der Westen und der Rest der Welt. Die Geschichte vom Wettstreit der Kulturen die Vorherrschaft der westlichen Welt in der Anwendung von sechs Killerapplikationen (killer apps) begründet. Bei diesen handle es sich weniger um technologische Entwicklungen denn um rechtliche und kulturelle Rahmenbedingungen, die im Westen an entscheidenden Nahtstellen wirksam geworden seien.

Die sechs Killerapplikationen, durch die die westliche Welt bis heute einen Vorsprung in der gesamtgesellschaftlichen Innovation erlangt hat, lautet: Wettbewerb, Wissenschaft, Demokratie, Medizin, Konsum und Protestantische Arbeitsethik. Man braucht kein Prophet zu sein, um zu prognostizieren, dass wir den Kredit bei den meisten dieser sechs ‚killer apps' längst aufgezehrt haben.

Wo aber sind nicht nur in geographischer Hinsicht die dominanten Killerapps des 21. Jahrhunderts verortet, ein Zeitalter, in dem Europa oder die USA nicht mehr die allein bestimmenden Größen sind? Gerade die technische Experimentierfreudigkeit im asiatischen Raum bildet ein konstitutives Element der neuen kulturell verankerten Internetarchitekturen. Dennoch reicht es nicht aus, nur neue Spielzeuge für die Konsumenten auf den Markt zu werfen. Die Menschen suchen gerade mit Blick auf das eigene Geld auch nach finanziell sinnvollen Anwendungen.

Mit Hilfe der Killerapps im Finanzwesen wird sich die Finanzwelt stärker demokratisieren als es einigen lieb sein dürfte. Werfen wir – angelehnt an den britischen Historiker Niall Ferguson – in diesem Buch einen Blick in die Welt der finanziellen Eisbrecher, die die Bankenwelt zwar nicht gänzlich auf den Kopf stellen, ihr aber doch ein deutlich anderes Gesicht geben als wir es über Jahrhunderte hinweg gewohnt waren, beim Erkunden dieser neuen Mondlandschaften, auf die wir längst den ersten Fuß gesetzt haben.

• Szenariowerkstatt – Schattenbanken (Der Status Quo)

Die Chefagenda zum kritischen Erkenntnispfad

Ich rücke in den nun folgenden vier Ergänzungsteilen zu den pointierten Thesen um die Bank 2.0 auch die Auseinandersetzung mit dem bisherigen Bankenmodell in den Fokus, jenseits von vorgefertigten Feindbildern und ideologischen Schablonen. Denn Schattenbanken können vieles sein.

Die nun in drei Teilen folgenden Buchauszüge sollen nicht der Auftakt sein, hier einen Bestseller zu landen. Den könnte man vielleicht mit Titeln wie „Über Nacht reich" oder „Wie Staaten alle Schulden los werden" erzielen. Man müsste dabei nur scharf polarisieren, also ähnlich wie Sarrazin oder zu Guttenberg mit einem

Feindbild punkten, und dann gleichzeitig auf den eigenen glorreichen Lösungsbeitrag verweisen, um wie Phoenix aus der Asche dazustehen.

Das Ziel des szenarioartig angelegten Romans Schattenbanken besteht jedoch darin, den Lesern von Social Banking 2.0 einen kreativen Zugangscode zwischen alter und neuer Bankenwelt zu ermöglichen. Wenn das gelingt, dann hätte die vorliegende Arbeit ihren Sinn erfüllt. Hier also nun der erste von insgesamt vier unterschiedlichen Blickwinkeln auf die Thematik, nämlich derjenige in die Geschicke der fiktiven Frankfurter Handelsbank:

Als Sebastian Heilfrisch vor zwei Jahren seinen Job bei der Frankfurter Handelsbank (der Name der Bank ist wie alle handelnden Personen rein fiktiv, eine Ähnlichkeit mit lebenden Akteuren wäre rein zufällig) antrat, schien er genau zu wissen, was ihn dort erwartete. Der für IT-Sicherheit verantwortliche Chef war ein akribischer Pedant.*

Seine Detailversessenheit im Beruflichen hatte ihn weit gebracht, ihm aber in seiner mittlerweile fast zwanzigjährigen Ehe die eine oder andere Existenzkrise eingebrockt. Welche Frau war schon gerne mit einem Besserverdiener und Besserwisser verheiratet, der als chronischer Skeptiker praktisch immer recht zu haben schien.

Wer so penibel im Beruflichen wie im Privaten agierte, wie es der Sicherheitschef tat, der brauchte für den Spott der Nachbarschaft nicht zu sorgen. Im spärlich bestückten Freundeskreis wurde er wegen seines vorsichtigen Sozialverhaltens nur als Heil und Frisch bezeichnet. Wenn ihm das Geschwätz der anderen zu bunt wurde, packte er seine Schuhe und trabte zum Joggingparcours, um den Kopf von allen arglistigen Anfeindungen frei zu bekommen.

»Ach, bring doch noch frische Brötchen vom Bäcker mit«, rief ihm Constanze noch beim Verlassen der Wohnung zu. Das gemeinsame Frühstück war für die Heilfrischs wie der sonntägliche Kirchgang ein festes Ritual. Er beendete seine Runde durch den frühlingshaften Grunewald mit rhythmisch kreisenden Armen, wie ein Helikopter, der mehrfach um die eigene Achse rotiert. An der Türe nahm ihn seine vor einem Jahr volljährig gewordene Tochter Hannah in Empfang. Einen kleinen Seitenhieb konnte sie sich nicht verkneifen: »Und, bist Du diesmal in keine Hundekacke rein gelaufen wie beim letzten Mal? «

Letztlich aber machte sich Heilfrisch aus den Zweifeln und Nörgeleien anderer Menschen nicht all zu viel. Er nahm die eigene Spezies wahr als Parcours von Slalomstangen, die es im Hochgeschwindigkeitstempo elegant zu umsteuern galt. Die Gedankenwelt des Chief Security Officers kreiste sowieso meistens nur um seinen Job.

Alles andere war reine Nebensache, sogar seine beiden fast flügge gewordenen Kinder Max und Hannah. Aber um die kümmerte sich ja seine pflichtschuldige

Ehefrau, der er auch sonst alles Wichtige in familiären Angelegenheiten nur allzu gerne überließ, das er insgeheim natürlich für völlig nebensächlich hielt.

Als der hagere Sicherheitsmann mit unauffälliger Statur und der angenehmen Erscheinung am Montag früh in seinem Büro ankam, hatte er sich wie immer perfekt vorbereitet. Heilfrisch rüstete sich für die bevorstehende Dienstbesprechung mit Verschlusssache. Die technischen Unterlagen zur neuen Brandschutzmauer, die er heute dem Vorstand zu präsentieren gedachte, allesamt hatte er sie akribisch im Flieger zwischen Berlin und Frankfurt studiert.

Jetzt sollte er das Firewall-Konzept neu konfigurieren, was einer absoluten Verharmlosung dieses ungewöhnlichen Vorgangs gleichkam. Dabei hatten er und andere längst den Überblick verloren, ob sich der Feind gerade innerhalb oder außerhalb des eigenen Netzwerks zu bewegen gedachte. Bei einem Global Player mit verteilten Standorten und zahlreichen Filialen im In- und Ausland war die Sache sowieso reichlich unübersichtlich. Aber Heilfrisch war es gewohnt, die Dinge irgendwie in den Griff zu bekommen.

Die Biographie des Herrschers über das sensible Datenreich verlief bis dato ohne jegliche Bruchstelle. Der effiziente Karriereplaner hatte alles richtig gemacht. Zunächst das Studium der Wirtschaftsinformatik, dann spezialisierte er sich im Zeitalter der ersten großen Virenausbrüche in der Computerwelt auf die IT-Sicherheit.

Ganz nebenbei, mit dem ersten Jobantritt bei einem IT-Dienstleister, heiratete er Constanze, die er auf einer ziemlich langweiligen Studentenparty an der Technischen Universität in Berlin kennen gelernt hatte. Er gründete eine Familie. Alles lag im Masterplan mit zwei Kids, einem Sohn und einer Tochter, um die er sich aufgrund ihrer bereits eingetretenen Volljährigkeit kaum mehr Sorgen machen brauchte.

Seine fürsorgliche, gleichwohl leicht zur Depression neigende Gattin, die ihr Jurastudium nur bis zum ersten Staatsexamen weiter voran getrieben hatte, hielt ihm den Rücken frei. So durfte er sich ganz seiner beruflichen Passion widmen. Er sah sich als Joker, wenn es darum ging, Unternehmensdaten zu schützen und alle möglichen Sicherheitslöcher zu stopfen, noch bevor diese einen gefährlichen Flächenbrand im Unternehmen auslösten. Es war für Heilfrisch dabei letztlich unerheblich, ob diese von außen oder von innen durch Schlamperei, Sabotage, Geldgier, Wirtschaftsspionage und andere menschliche Unzulänglichkeiten verursacht worden waren.

Gegenüber seinen Kollegen trat er mit breiter Brust auf, gerade weil er alle relevanten Sicherheitsdomänen fachlich souverän beherrschte. Angefangen von der Datenverschlüsselung, der sicheren Softwareentwicklung, dem Überblick über die passenden Konfigurationen – oder wenn es sich um die Kunst der richtigen Passwortwahl drehte.

Immer war er seinen Mitarbeitern einen Schritt voraus, weil er nach Feierabend noch die neuesten Papiere studierte. Der Tausendsassa wusste überall Bescheid, bis hin zum eingehenden Testen aller erdenklichen Schwachstellen, wo externe Sicherheitsspezialisten alle Systeme auf Herz und Nieren überprüften, indem sie wie professionelle Computerhacker vorgingen, um mit aller Macht in die Netzwerke der Frankfurter Handelsbank einzudringen.

I. Kapitel – Wie die alte Bankenwelt immer neue Nebelkerzen zündet

● Was Kunden an Banken nervt und warum sich nichts ändert

Das Internet hält die Gesellschaft in Bewegung. Häufig diskutierte Stichworte lauten Transparenz und Mitbestimmung. Der Kunde ist aufgewacht und schlüpft wie der gute Flaschengeist aus seinem Versteck. Wir hinterfragen die Leistungsversprechen der Anbieter. Warum tun wir das? Vor allem, weil Geld nicht (mehr) im Überfluss da ist und wir mehr darauf achten, wofür wir es ausgeben. Es ist im Prinzip banal, aber erst mit dem Internet kann der Kunde seinem Anbieter auf Augenhöhe begegnen. Wenn ihm etwas nicht gefällt, dann kann er seine Meinung kund tun – und möglicherweise sogar das Unternehmen dazu bewegen, sein Produkt zu verändern.

Auf der anderen Seite scheinen auch vier Jahre nach Beginn der Finanzkrise sich gerade die Banken vornehmlich für ihre Provisionen zu interessieren. Der in den Hochglanzprospekten so hoch geschätzte Kunde bleibt im Regen stehen. Kürzlich erzählte mir ein Freund dazu eine interessante Geschichte. Er betrat mit seiner Frau ein großes deutsches Möbelhaus. Der geplante Kauf eines Bettes erwies sich als schwierige Gratwanderung. Denn beim Kaufgespräch führte der eloquente Verkäufer mit einem Wortschwall aus, der Kunde habe bei dem Gehäuse um die Liegefläche herum ganz bequem die Wahl zwischen Aluminium oder Metall.

Da war es ausgesprochen, das Stichwort zur neuen Macht des Konsumenten. Mein Bekannter, technisch versiert und logisch denkend, fragte daraufhin den dynamischen Mann: Das sei ja wie die Unterscheidung zwischen einem Vogel und einer Drossel. Offenbar gehöre die Drossel nicht zu den Vogelarten. Andererseits sei nicht jeder Vogel automatisch eine Drossel. Der Verkaufsmann an der Möbelfront war nun völlig perplex und sprachlos. Bringen wir die Sache auf den Punkt: Aluminium ist ein Metall. Der Verkäufer hatte Null-Ahnung von seinem Produkt, das er gerade in höchsten Tönen angepriesen hatte, vermutlich geschult in einem Drei-Minuten-Instant-Seminar, möglicherweise von einem hoch bezahlten Managementguru.

Und damit sind wir bei der Kernbotschaft: Die Kunden klären die Verkäufer über Risiken und Nebenwirkungen ihrer Produkte auf, bei den Banken eine absolute Notwendigkeit.

Kein Mensch geht gerne zur Bank, außer vielleicht zum Geldautomaten. Trotzdem kommen wir um die Frage nicht herum, wozu wir die Finanzindustrie benötigen. Dazu ein selbst erlebtes Beispiel. Ich habe bei einem persönlichen Beratertest in diversen Berliner Bankfilialen den bleibenden Eindruck gewonnen, dass es der Abteilung „Private Wealth Management" ausschließlich um die Provisionen der Mitarbeiter ging und nicht um das Wohl des Kunden.

Ein Berater erwähnte in dem rund eineinhalbstündigen Gespräch sogar, dass er Frau und zwei Kinder zu ernähren habe. Damit appellierte er an den sozialen Mitleidsbonus, der bei mir schon deshalb nicht funktioniert, weil ich auf Kinder verzichtet habe und dafür leider auch keine finanzielle Entschädigung von meiner Bank erhalten habe. Warum muss ich sein Reihenhaus mitfinanzieren? Die Berater gehen trotzdem den Weg des geringsten Widerstandes. Alternative Anlagestrategien und Produktklassen werden nicht präsentiert, Nachfragen werden ausweichend beantwortet. Die Frage, ob jetzt etwa der richtige Einstiegszeitpunkt für Aktien oder Fonds wäre, wurde mit dem Argument weggewischt, der Zeitpunkt sei nie ideal, aber langfristig gleiche sich das alles zum Wohle des Kunden aus.

So verwundert es kaum, dass der Blätterwald der Fach-, Tages- und Wirtschaftsmedien seit Jahren prall gefüllt ist mit Kritik an der Qualität der Kundenberatung in den Banken. Scharfe Kritik formulieren die Verbraucherschützer immer wieder und die Fernsehzuschauer quittieren es mit einem Kopfnicken. Das nüchterne Fazit: Nicht mal jeder zehnte Bankberater sei in der Lage, den finanziellen Hintergrund und Spielraum des Kunden hinreichend auszuleuchten. Und die Verantwortlichen in Wirtschaft und Politik haben gebetsmühlenartig für die private Altersvorsorge geworben und damit der provisionsorientierten Finanzindustrie viel zu viel Macht eingeräumt: Riestern Sie mal, den Rest, Ihr Geld, übernehmen wir.

Mehrere zehntausend Menschen finden auch bei Strukturvertrieben ihr Lohn und Brot, oder zumindest die Chance, in ihrem Bekanntenkreis als Drückerkolonnen zu agieren und die obersten Chefs noch reicher zu machen. Denn nur eine kleine Elite verdient wirklich beim Strukturvertrieb. Die Banken selbst langen bei den Gebühren fürs Geldabheben weiterhin zu, allen voran die Sparkassen und Genossenschaftsbanken, sagt die Verbraucherzentrale, die eine „fürstliche Gebührenpolitik" kritisiert.

Gut verkauft und schlecht beraten, steht der Kunde also da. Eine neue Geldphilosophie braucht das Land, aber auch die richtigen Leute, die sie jenseits von Fassadenpflege konsequent umsetzen. Denn mit den alten Strukturen wird die

Schubumkehr kaum gelingen. Hier benötigt es eine neue Führungskultur und neue Managementprinzipien, statt den Vertriebsdruck nur auf den unteren Hierarchieebenen abzuladen. Vielleicht braucht es weitere Schockerlebnisse.

Fazit: In der „Bank der Zukunft" sprechen wir alles, außer der Sprache des Kunden.

- **Die Erlebnisfiliale ist nur ein Marketingkonstrukt**

Warum sich so wenig an der Praxis ändert, lässt sich mit dem am Massengeschmack ausgerichteten Outfit erklären, das auch weiterhin auf den unmündigen Verbraucher setzt. Die Postbank wirbt bekanntlich damit, über das dichteste Filialnetz in Deutschland zu verfügen. Und das soll jetzt mit dem richtigen Wohlfühl-Faktor ausgestattet werden, damit der Kunde sieht, wie ernst man ihn nimmt. Bereits im Eingangsbereich wird der Durchschnittskunde großzügig mit Wandmalereien zur Historie der Postbank wie das Huhn zum Körnerpicken angelockt, damit er das Haus in seiner ganzen historisch einmaligen Bedeutung erfasst.

Im Eingangsbereich zur Kundenhalle gibt es – leicht versteckt – hinter der Säule einen Kaffeeautomaten: Einen Euro kostet das Erfrischungsgetränk, leider gibt es keinen Sitzplatz, um ihn zu genießen. Außer vielleicht beim Finanzberater im glasigen Separee daneben, aber das wäre sicher ein verhängnisvoller Gang. Denn so wirklich versteht die Zinseszins-Effekte beim Quartalssparen ja wohl nur ein Rechtsanwalt. Da wird natürlich rasch eine weitere Gebühr fällig, zu Risiken und Nebenwirkungen fragen Sie bitte deshalb lieber gleich sich selbst oder einen guten Freund.

Dann kommt flugs eine freundlich lächelnde Mitarbeiterin auf die in der Schlange Wartenden zu. Und zwar mit dem unverbindlichen Angebot, es doch mal mit einem Handyvertrag zu probieren. Den Prospekt hat sie natürlich ganz unverbindlich dabei. Damit dürfen wir den eleganten Spielregeln des „Permission Marketings" folgen, das lautet: Wir fragen den Kunden vorher höflich um sein Einverständnis, bevor wir ihn mit einem Angebot belästigen. Manche nennen diesen evolutionären Quantensprung in der emotional hoch getunten Bankfiliale auch „Experience Banking". Ich finde, am Rechner zuhause oder in einem richtigen Café ist es doch viel gemütlicher, was meinen Sie? Denn ein Café ist schließlich ein Ort, in dem vor allem frisch aufgebrühter Kaffee angeboten wird. Fragen wir deshalb am Ende dieses Kapitels die Leser, glauben Sie an diese „Kundencharta“?

Kundenrecht 1: Sie werden erstklassig beraten.

Kundenrecht 2: Sie bekommen hochwertige Produkte.

Kundenrecht 3: Sie verdienen besten Service.

Kundenrecht 4: Sie können sich auf uns verlassen.

Kundenrecht 5: Sie bestimmen mit.

- **Szenariowerkstatt – Schattenbanken (Die Herausforderung)**

Virology, der Feind im eigenen Bett

Eine Rolle als kreativer Zerstörer in dem Buch Schattenbanken nimmt Virology ein, eine Hackergruppe in Berlin. Aber lesen Sie selbst einen Auszug:

Berthold Brecht hat einmal sinngemäß gesagt, warum eine Bank überfallen, wenn man eine gründen kann. Erst recht nach der Finanzkrise, im grellen Scheinwerferlicht der Weltöffentlichkeit, schien dieses Ansinnen eine Karikatur seiner selbst. Das Leitmotiv hing bei Virology in der Größe eines Posters direkt zwischen den beiden Fensterflügeln im Altbau. Noch reizvoller als eine Bank zu überfallen, war es Mitglied in einer besonderen Aktivistengruppe zu sein, die sich erdreistete, den Großen in Wirtschaft und Politik auf Augenhöhe gegenüber zu treten.

Es handelte sich um ein Dutzend junger Männer und zwei Frauen, die sich regelmäßig in diesem verruchten, wenig einladenden Berliner Hinterhof trafen. Der miefige Standort in dem von Massenmedien zur Problemzone deklarierten Bezirk Neukölln wurde von Touristen oder Geschäftsleuten gerne gemieden, außer wenn diese ihr Nachtquartier gerade in einem nahe gelegenen großen Tagungshotel aufgeschlagen hatten, das sich inmitten dieses unwirtlichen Kiezes befand. Offiziell war das nicht ganz legale Treiben von Virology als Verein zur Förderung der barrierefreien Internetkommunikation e.V. deklariert.

Mit einer Hacker-Aktivistengruppe früherer Generationen hatte dies freilich nur wenig zu tun. Zwar gehörte es zum guten Ton, zwischen Hacker und Cracker zu unterscheiden. Letzt genannte, die aus der reinen Profitgier handelten, wurden von den Virologen geächtet. Man hielt sich stattdessen an den üblichen Ehrenkodex, bei dem es jedem Mitglied zur Ehre gereichen sollte, eine ausgenutzte Schwach-

stelle oder Lücke in einer mangelhaften Software den betroffenen Unternehmen oder Behörden sofort zu melden.

Es war politisch korrekt, daran zu glauben, dass sie zuerst die Chance erhalten sollten, ihre Schlupflöcher zu stopfen, noch bevor richtige Kriminelle dort ihr Unwesen treiben konnten. Doch seit der Finanzkrise war gerade den Neuankömmlingen in der Gruppe klar geworden, man könnte doch auch globalen Konzernen mit kreativen Mitteln einheizen, die sich keinen Deut um Umwelt oder Arbeitsplätze scherten.

Im Fachjargon bezeichneten Experten diese Kulturtechnik als Social Engineering. Im übertragenen Sinne bedeutete dies für Virology so etwas, als mit bloßer Hand gegen das subjektiv als ungerecht empfundene Establishment vorzugehen, das mit großen Kanonen auf die Spatzen zielte. Das Feindbild, das sich die Virologen zu Recht gelegt hatten, war so gestrickt, dass man sich klar machte, dass die berechtigten Anliegen der kommenden Generation bei den derzeitigen Eliten keine Rolle spielte. Dazu waren sie zu selbstverliebt, sie bemerkten noch nicht einmal, dass da draußen im weit verzweigten Netz jemand seine Stimme gegen sie erhob. Und das schloss natürlich ein, nicht jede entdeckte Sicherheitslücke gleich brav an die willfährigen Staatsorgane der Eliten oder direkt an die Konzerne zu melden, in deren Netzwerke man nachts eingedrungen war, wenn der Apparat auf Hochtouren lief. Manche Virologen waren trotzdem in der Zwickmühle, denn sie schielten neben dem Hackerruhm auf lukrative Beraterauffräge. Schließlich hatte auch ein kreativer Hacker seine Brötchen irgendwie zu schmieren.

Einige Aktivisten unterfütterten ihr idealistisches Weltbild, in Abgrenzung zum gefräßigen Treiben auf der Erde, freilich mit der Aura von Weltraumpionieren. Vielleicht war es auch nur eine schöne Idee, in die man sich verliebte. Man träumte von eigenen Nachrichtensatelliten, die sich zu einem intergalaktischen Hackernetzwerk verbanden. Man malte, gestärkt durch die Texte russischer Science Fiction Helden, die Vision einer eigenen Mondlandung an die Wand. Virology goes luna, was für ein Poster an der Wand. Ein kleiner Schritt für uns, ein großer für die Menschheit.

Dann würde ein Satellitennetzwerk um die Erde kreisen, das die Vision eines freien demokratisch organisierten Internets verbreitete. Und die Hackergemeinde aus aller Welt, sie waren die Macher dieser utopistischen Vision. Nichts schien in der Phantasie unmöglich zu sein, wenn die Menschheit damit begänne, ihr Geld und Wissen in vernünftige Dinge zu investieren, statt Massenvernichtungswaffen und umweltfeindliche Technologien zum Schaden Vieler zu konstruieren.

Im Zeitalter der dezentralen Kommunikationseinheiten durfte man davon träumen, eine eigene Insel der Glückseligkeit auf diesem dekadenten Planeten zu erschaffen. Manche Erdenbewohner hatten demgegenüber ziemlich handfeste Probleme, jenseits von Zensur oder staatlicher Überwachung der Datenkommunikation. Denn der tägliche Überlebenskampf für die Mehrzahl der Menschen drehte sich seit Jahrhunderten nur um sauberes Wasser, ausreichend Nahrung und ein bewohnbares Dach über dem Kopf, einen Zusammenhang, den die verschrobenen Phantasien der intergalaktischen Sternendemokraten geflissentlich ausblendeten.

Dabei gab es auch hier unten genug Herausforderungen. Die hinter verschlossenen Vereinstüren geäußerten operativen Ziele von Virology waren bereits konkret fixiert. Ins Visier rückte dabei das Establishment der Banken, das man ebenso in Frage stellte wie den militärisch-industriellen Machtkomplex, die Pharmaindustrie oder die großen Energiemonopole, die ausschließlich um ihren eigenen Profit besorgt waren. Die Festungen der übermäßig vom Schicksal Privilegierten, so die allgemeine Stimmungslage, sie seien mit kreativen Mitteln anzugreifen.

Die Virologen empfanden, dass sie in der großen Vertrauenskrise gegenüber einem als ungerecht empfundenen Kapitalismus nicht untätig bleiben durften. Es waren junge Männer und Frauen mit einer klaren Mission. Es war Zeit, etwas gegen das graue Establishment zu unternehmen. Wenn sich die Schwarmintelligenz der Vielen nur ernsthaft zusammen täte, dann könnte die Peanuts-Ökonomie trotz ungleicher Waffen die Oberhand gewinnen, sofern sie die Großen mit ihren eigenen Mitteln aushebelte.

II. Kapitel – Die soziale Killerapplikation rückt vor auf Los

- **Wie das Internet die Finanzwelt verändert**

- **Erste Killerapp: Hacktivisten torpedieren die Technik**

Selbst technisch unbedarfte politisch motivierte Hacker erzielen große Erfolge. Ruhm und Ehre liegen nur einen Mausklick entfernt. Die jüngsten Hacker-Attacken auf strategisch bedeutsame Unternehmen und politische Einrichtungen haben deutlich gemacht, wie verletzlich und störanfällig hochsensible Infrastrukturen unserer modernen Zivilgesellschaften geworden sind. Vielleicht gefallen auch einigen Hackern die Spielregeln der Eliten nicht mehr und sie wollen diese nicht mehr akzeptieren. Aufgrund ihrer heraus gehobenen ökonomischen und gesellschaftlichen Bedeutung ist gerade die Finanzbranche von unterschiedlichen Angriffsszenarien betroffen. Zum Repertoire der Angreifer gehört die verdeckte Wirtschaftsspionage ebenso wie das scheinbar ziellose Ausnutzen von internen Schwachstellen, die den inneren Festungsring um das Unternehmen in seinen Grundfesten erschüttern.

Großes Kopfzerbrechen bereitet den Spitzenmanagern der sich rasant ausbreitende „Hacktivismus", also die Durchsetzung politischer Ideen über die technische Durchdringung von Computersystemen. Dies hat zu einem rasant fortschreitenden Cyberkrieg geführt, der mit den Bordmitteln der Informationsgesellschaft geführt wird. Die Akteure bedienen sich dabei einerseits standardisierter Werkzeuge, aber auch immer ausgefeilter Methoden, um in betriebliche Netzwerke einzudringen. Der Begriff Hacktivismus umfasst dabei sowohl konstruktive bzw. legitime Protestformen der politischen Meinungsäußerung als auch destruktive Mechanismen, die ethischen und rechtlichen Rahmenbedingungen zuwider laufen.

„Wir vergeben nicht, wir vergessen nicht", so lautet die provokante Botschaft von Anonymous. Als „Feuerknopf" bezeichnen die Hacker dabei jenen finalen Mausklick, zu dem sich die Aktivisten mit Hilfe von zuvor installierten Softwaretools in einer gemeinsamen Kommandoaktion verabreden. Zu den Opfern gehören diverse Finanzdienste wie Visacard, Mastercard und Paypal, deren Internetangebote und Services zeitweise sogar offline waren. Bei einer von den Akteuren im Umfeld von Anonymous als „Operation Payback" bezeichneten

Aktion hatten die Unterstützer der Whistleblowing-Plattform Wikileaks gezielt Kreditkartenunternehmen und Internetbezahldienste ins Visier genommen, da diese sich zuvor weigerten, Transaktionen an die Enthüllungsplattform weiterzugeben.

Hinter diesen Attacken stehen nicht immer die als Cyberkriminelle etikettierten Organisationen mit ausgeprägtem Know-how. Generell sind die Grenzen zum gesellschaftlich motivierten Hacktivismus fließend. Heute entscheidet jeder selbst, ob er sich als Hacker, Cracker, Hacktivist oder was auch immer bezeichnen mag. Denn Schadcode für neue und alte Plattformen zu entwickeln, das funktioniert heutzutage quasi vollautomatisch auf Knopfdruck, mit Hilfe so genannter Toolkits. Diese Baukästen sind im Internet rasch zu finden und für die Anwender überaus leicht zu bedienen. Damit können auch technische Laien großflächige Angriffe gegen vernetzte Computer starten. Da die Softwarebaukästen außerdem in der Lage sind, den Schadcode permanent zu mutieren, lassen sich so etwa Signatur-basierte Abwehrmechanismen umgehen. Die Spuren der Urheber hingegen lassen sich oftmals erst mit einem gewissen technischen Aufwand in der forensischen Analyse eruieren.

Das prominenteste Beispiel für einen derartigen Baukasten ist Zeus. Die damit erstellte Malware konnte unter anderem die Zugangsdaten zu Bankkonten stehlen. Da kleine Unternehmen im Vergleich zu größeren Firmen ihre Finanztransaktionen weitaus weniger stark schützen, gerieten diese besonders stark ins Visier von Zeus. Welch profitables Potential derartige Angriffe möglicherweise generieren, verdeutlichte ein enttarnter Ring von Cyberkriminellen. Die Täter hatten über einen Zeitraum von 18 Monaten mit Hilfe des Zeus-Botnets mehr als 70 Millionen Dollar erbeutet.

Ganz im Gegensatz zum kriminell motivierten Cyberground suchen die im weiteren Sinne politisch motivierten Akteure vor allem nach offensichtlichen Schwachstellen bei Webseiten und Servern, die genügend Angriffsfläche für öffentlichkeitswirksame Attacken bieten. Betroffen von dem gesteigerten Aktivitätslevel sind Unternehmen aller Branchen und unabhängig von der Größe, also auch jene, die auf den ersten Blick gar keine politisch relevanten Ziele darstellen. So stand das vergangene Jahr in der politischen Hackerszene ganz im Zeichen der Verschmelzung zwischen den beiden Aktivistengruppen LulzSec und Anonymous.

Die Gruppe Lulz Security (kurz: LulzSec) besitzt im Unterschied zu anderen Hacktivisten-Gruppen dabei keine klar erkennbaren, unmittelbar von politischen Inhalten bestimmten operativen Ziele. Sie zeichnet sich jedoch durch ein großes operatives Geschick aus, sowohl bei der Kompromittierung von Netzwerken und Servern als auch beim Diebstahl von Benutzernamen, Kennwörtern und anderen Daten. So drang die Gruppe unter anderem mehrfach bei verschiedenen Unternehmen ein und nahm auch die IT-Systeme von Polizeibehörden und Geheimdiensten ins Visier.

Hier einige Sicherheitsvorfälle, bei denen Finanzdienste im Brennpunkt standen: NASDAQ (2010) - Hacker unbekannter Herkunft verschafften sich mehrere Male den Zugang zum Computernetzwerk des Betreibers der NASDAQ-Börse in den USA. Citibank (2011) - Bei einem Hacker-Angriff wurden die Daten von ca. 200.000 Citibank-Kunden aus Nordamerika gestohlen, darunter Kontaktinformationen wie Namen und E-Mail-Adressen. IWF (2011) – Der Internationale Währungsfond (IWF), die zwischenstaatliche Organisation zur Überwachung des globalen Finanzsystems mit 187 Mitgliedsstaaten, war Ziel einer der jüngsten Hacker-Angriffe. Auf den IT-Systemen sind unter anderem hoch sensible Daten zur finanziellen Situation unterschiedlicher Länder gespeichert. Visa, Mastercard und Paypal (2011) – Ins Visier von Hackern gerieten die beiden Kreditkarten-Unternehmen und der Internet-Bezahldienst unter anderem deshalb, weil die Firmen in die Kontensperrung von Wikileaks involviert waren, einer Whistleblowing-Plattform im Netz. Französisches Finanzministerium (2011) – Mit Hilfe eines Spionageprogramms (Trojaner) verschafften sich Eindringlinge Zutritt auf mehrere Hundert Rechner, Mailboxen und Server.

Amerikanische Großbanken wie Goldman Sachs und die Bank of America versuchen nun eine IT-Abwehrallianz gegen Hacker aller Art auf die Beine zu stellen. Warum das nicht funktioniert, habe ich bereits in meinem Roman Schattenbanken detailliert beschrieben. [2]

• Zweite Killerapp: Das Netz als soziale Waffe

Das Internet spielt als „soziale Waffe“ eine zentrale Rolle in Wirtschaft und Gesellschaft. Die gut gebildete Generation der unter 35-Jährigen wird nicht umhin kommen, die Spielregeln der Platzhirsche nicht nur in Frage zu stellen, sondern neue Wege zu beschreiten, will sie die legitimen Interessen ihrer Generation gewahrt wissen. Denn die gut ausgebildeten Akademiker sind bereits heute in vielen Ländern die Verlierer der Finanzkrise, durch Entzug von Bildungschancen, den „teuren“ sozialen Aufstieg und den Wegfall von beruflichen Karrierechancen.

2 Der Roman *Schattenbanken* ist als eBook auf dem ePublishing-Portal Xinxii erschienen. Quelle: http://www.xinxii.com/schattenbanken-p-332530.html

Junge Griechen, Portugiesen, Ungarn, Iren, Briten oder Amerikaner, sie bezahlen heute und morgen erst recht die Zeche der Finanz- und Staatsschuldenkrise. Warum sollten deshalb Spielregeln für ewig gelten, selbst wenn diese Jahrhunderte alt sind? Das Internet ist ein gewaltiges Werkzeug, das ganze Wirtschaftszweige neu prägen kann. Man bildet eigene Netzwerke, wo man neue Wege beim Einsammeln von Geld beschreitet. Crowdfunding, auf das ich später noch eingehe, und Peer-to-Peer Lending, das Verleihen von Krediten zwischen Privatpersonen über professionelle Plattformen, sind ein weit reichendes Zukunftsmodell mit vielen Facetten.

Dass derartige Modelle im Ansatz bereits funktionieren, dokumentieren die nackten Zahlen: Der Berliner Anbieter von Krediten von Privat- zu Privatperson Smava verlieh bereits mehr als 60 Mio. Euro. Noch deutlicher fällt der Trend in den USA und Großbritannien aus, wo die beiden führenden Anbieter Zopa und Lending Club bereits mehrere hundert Millionen britische Pfund bzw. US-Dollar verliehen haben. Auch Crowdfunding - über andere Internetnutzer finanzierte Projekte - befindet sich im Aufwind. Der amerikanische Vorreiter kickstarter.com hat ebenfalls die Marke von 100 Mio. US-Dollar bereits deutlich überschritten. Was für die einen, die Vertreter aus dem Mainstream-Banking vernachlässigenswerte „Peanuts-Beträge" sind, sind für andere wiederum die Vorboten eine dezentral aufgestellten Finanzökonomie, wo der Nutzer die Zahlungsströme durch seine kreativen Ideen beginnt mitzusteuern.

Bleiben etablierte Institutionen und Entscheidungsträger in ihren Wolkenkratzern gefangen und sind sie nicht mehr in der Lage, die Kreativität von Gesellschaft und Wirtschaft an der richtigen Nahtstelle zu fördern, dann halten die Jüngeren nach mehr „Finanzdemokratie 2.0" Ausschau. Man kann diesem Treiben auch nur passiv zuschauen, um die Welt aus dem Heckwasser der Segelyacht zu betrachten. Das tun all jene, die finanziell schon ausgesorgt haben.

Das wird nicht mehr lange so funktionieren, weniger weil wir es im Internet mit einem besseren Menschenschlag zu tun haben, sondern weil es sich um eine bahnbrechende Innovation handelt, so wichtig wie das erste Automobil oder die Luft- und Raumfahrt. Das Netz, es bricht mit diversen alt bekannten Regelwerken. Meine Ausgangsthese lautet: Die „liquide" Demokratie erfasst auch die Finanzwelt, also unseren Umgang mit Banken. Wir reden hier jedoch über keine Massenbewegung. Der kreative und anspruchsorientierte Teil der Mitte ordnet seine Geldströme neu, wohin es vielleicht fließen sollte und wohin eher nicht. Auf dem Prüfstand stehen alle Leistungen bzw. die „Kosten-Nutzen-Bilanz" von Banken und Versicherungen.

Sofern den meist hohen „Transaktionskosten“ keine realen Leistungen und keine gute Performance gegenüber stehen, wird es eng für Standardprodukte. Bei den einen nimmt die Beraterresistenz weiter zu. Anspruchsorientierte Anleger hingegen folgen den Trendsettern aus der kreativen Mitte, die das Thema Umgang mit Geld auch anhand von digitalen Wertschöpfungsketten neu besetzen.

Die Banken werden sich massiv gegen den Trend zu mehr Mitbestimmung seitens der Kunden sträuben, durch den Internet-Plattformen die Bankbilanzen bedrohen oder zumindest deren Gewinnmargen schmälern. Wie das Rennen ausgehen wird, bleibt spannend, das kreative Wettrennen ist eröffnet.

Wagen wir deshalb eine Standortbestimmung: Wie viel soziale Mediennutzung braucht und verträgt die Bank? Fest steht, die Bankenbranche ist inmitten eines gravierenden Umbruchs, der die bisher fast ausschließlich provisionsorientierte Vertriebsstruktur in Frage stellt. Die sozialen Netzwerke wie Facebook & Co. beschleunigen den Wandel. Einerseits verdeutlichen sie den massiven Vertrauensverlust in der Finanzindustrie. Des Weiteren stellen gut informierte Verbraucher im Netz nicht nur das bisherige Geschäftsgebaren in Frage, sondern fordern auch mehr aktive Beteiligung und transparente Produkte.

In diversen sozialen Netzwerken kanalisieren die Kunden ihren Frust und zeigen auf, was sie von einer kundenorientierten Bank heute erwarten, nämlich vor allem faire Gebühren und transparente Produkte ohne unverständliches Kleingedrucktes. In der medialen Dauerkritik seit längerem in der Kritik steht dabei das provisionsorientierte Vergütungsmodell, das aus einem vermeintlich neutralen Bankberater letztlich einen reinen Produktverkäufer macht, dessen beruflicher Erfolg nicht vom jeweils geeigneten Anlagetipp abhängt, sondern ausschließlich von der höchsten Provision, die er dem Kunden aus der Tasche entlockt. So blieben exzessive Auswüchse keine Einzelfälle, die darin gipfelten, dass man etwa über 80-jährigen Menschen in dieser Lebensphase noch längerfristige oder riskante Anlageprodukte wie Aktienfonds oder Zertifikate offerierte, die man selbst bei wohlwollender Betrachtung kaum als bedarfsgerecht einzustufen vermag.

- **Internetcommunity stellt Provisionsmodell an den virtuellen Pranger**

Geändert hat sich an dieser fragwürdigen Beratungspraxis freilich in den letzten Jahren aus Sicht der Verbraucherschützer kaum etwas. Die Anreizsysteme für Verkauf und Vertrieb sind nach wie vor dieselben. Es zählt das Endergebnis unter den Abschlüssen und nicht der Maßanzug für die Kunden. Aufgrund des gewachsenen Misstrauens halten die Nutzer im Internet nach besseren Informationen Ausschau - und sie tauschen sich vermehrt mit anderen Mitgliedern von spezialisierten Communities und Foren zum Thema Geldanlage aus.

Dadurch bröckelt die im Fachjargon als Informationsasymmetrie bezeichnete Dominanz der Bankenindustrie. Die Riege der Finanzdienstleister wiederum steht den sozialen Netzwerken meist abwartend bis passiv gegenüber. Zahlreiche Banken haben zwar mittlerweile eine Präsenz auf Facebook, Twitter oder Youtube etabliert. Jedoch scheut das Gros immer noch den direkten Dialog auf Augenhöhe mit den Nutzern, wohl wissend, dass die eigene Produktphilosophie das offene Gesprächsangebot nicht gerade fundamental begünstigt.

Wie eine Bank den Umgang mit Social Media Richtlinien nicht betreiben sollte, das zeigte sich im vergangenen Jahr am Beispiel der Commonwealth Bank, dem zweitgrößten australischen Institut, das in ganz Asien und Ozeanien aktiv ist. Auf zwei Seiten gab das Institut eine Social Media Policy heraus, die harte disziplinarische Maßnahmen für den Fall vorsah, dass Mitarbeiter sich jenseits der Bürozeiten allzu intensiv in sozialen Netzwerken tummelten.

Vollends zum PR-Desaster in eigener Mission entwickelte sich schließlich der wenig verhohlene Hinweis, Nutzer auch für die Aktionen ihrer Online-Freunde haftbar zu machen. In zahlreichen Presseberichten werteten die Kommentatoren dies als einen direkten Aufruf zur Bespitzelung von Kollegen, Familie und Freunden. Rasch sah sich das australische Institut gezwungen, eilends wieder ans Ufer zurück zu rudern und die Social Media Richtlinien gründlich zu überarbeiten.

- **Worst Case symbolisiert die Existenzkrise**

Dennoch ist die Commonwealth Bank kein Einzelfall. An verlässlichen, neutral gehaltenen wissenschaftlichen Studien zum Umgang der Banken mit sozialen Medien mangelt es zwar noch. Dennoch vermuten Branchenexperten, dass rund die Hälfte der Finanzinstitute den Umgang mit Social Media am Arbeitsplatz komplett untersagt. Begründet wird diese Politik der geschlossenen Festungsmauer in der

Regel mit diversen gesetzlichen Regularien, dem Datenschutz und der (IT) Compliance. Auf der Strecke bleibt dabei die notwendige größere Dialogbereitschaft mit dem Kunden, die aufzeigt, dass die Branche grundlegende Lektionen aus der Finanzkrise gelernt hat und zum inneren Wandel bereit ist.

Kurzum, Social Media im Bankenbereich ist nur dann ein nützliches Instrument, wenn die Produkte dahinter stimmen. Ansonsten belässt es die Branche lieber bei dem alt bekannten Motto: Reden ist Silber, Schweigen ist Gold. Das aber funktioniert, wie wir am Beispiel der Commonwealth Bank gesehen haben, nur mit einem indirekten Maulkorb oder gar Bespitzelungsauftrag an die eigenen Mitarbeiter bis in den privaten Freundeskreis hinein. So entsteht kein produktives Arbeitsklima, geschweige denn eine innovative Unternehmenskultur.

Geld ist vieles, aber nicht alles. Angesichts einer strikten Festungsmentalität könnte die jüngere Generation an aufstrebenden Spezialisten sich anderen Arbeitgebern zuwenden, die nicht auf einer derart fragwürdigen Social Media Policy aufsatteln, sondern sich stattdessen für den konstruktiven Dialog mit allen relevanten Gruppen öffnen. Gerade für global operierende Großbanken scheint diese Zielmarke derzeit weit entfernt, wenn hier nicht in der komplexen Matrixorganisation ein allgemeiner Wertewandel einsetzt.

So stellt die Bank of America (BofA) ein weiteres drastisches Beispiel für einen nur vordergründig gepflegten konstruktiven Dialog via Social Media dar. Bereits im Jahr 2009 hatte sich eine langjährige Kundin über deutlich erhöhte Überziehungszinsen für die Kreditkartennutzung beschwert. Und zwar via Youtube, eine Videobotschaft, die immerhin mehr als eine halbe Million Mal angeklickt wurde.

Die Reaktion der BofA lief zunächst nach dem eingespielten Motto ab. Es ist eine für viele Kunden nur allzu bekannte Endloswarteschleife, wie sie mancher Finanzdienstleister gerade bei berechtigter Kundenkritik immer noch gerne benutzt, statt auf den Kunden zu hören und aus dessen kritischem Feed-back zu lernen. Am Ende gewann in diesem seltenen Fall ausnahmsweise mal die Kundin, vor allem weil die Medien, wie etwa in der Huffington Post nachzulesen, auf den Fall aufmerksam wurden und die BofA zum Einlenken zwangen.

Ebenfalls betroffen von einer Entrüstungswelle (shitstorm) war die Deutsche Bank. Aufgrund der unklaren Haltung zur Nahrungsmittelspekulation belegen zahlreiche Nutzer das Institut auf Facebook & Co. bis heute mit negativen Einträgen. Derartige Beispiele zeigen, das alte Geschäftsgebaren einer Black Box namens Bank, es wird künftig immer weniger funktionieren, unabhängig davon, wer sich inhaltlich im Recht befindet.

So titelte die Financial Times Deutschland im vergangenen Herbst anhand des neuerlich in den medialen Fokus geratenen Gebührenmodells der BofA nur folgerichtig: Kunden zwingen US-Bank zum Einlenken. Nach öffentlichem Druck knickte die Großbank erneut ein. Die Schlussfolgerungen aus den aktuellen Geschehnissen sind offensichtlich. Der Proteststurm verlagert sich neben den klassischen Medien immer mehr in die sozialen Netzwerke hinein. Verändern sich die Banken nicht, wird sich der schleichende „Braindrain“ von innen wie von außen fortsetzen.

Davon profitieren kleinere Community-Banks, oder in Deutschland die Volksbanken und Sparkassen, obwohl auch diese nicht die Allerfortschrittlichsten sind. Auf die Gewinnerseite rücken zudem moderne Online-Banken, die sich mit effizienten Dienstleistungen und niedrigen Gebühren am Puls des Kunden positioniert haben. Sie werden wachsen, während andere hoffen, nicht zu schrumpfen.

- **Social Media produktiv nutzen, wie geht das?**

Doch es gibt auch positive Vorbilder, die zeigen, wohin sich die Bankenwelt mit Hilfe von Social Media künftig hinbewegen könnte. Während die meisten Banken es bislang bei einer bloßen Kontaktpräsenz auf dem weltweit größten sozialen Netzwerk belassen, geht etwa die neuseeländische ASB Bank einen Schritt weiter. Das besondere Element an dieser weltweit ersten „Facebook-Bankfiliale“ ist, dass die Kunden sich mit „echten“ Bankberatern sieben Tage in der Woche über ihr konkretes Anliegen austauschen können.

Die ASB Bank setzt dabei auf eine Chat-Anwendung als Facebook-App. Die Mitarbeiter, die für ein virtuelles Gespräch jeweils zur Verfügung stehen, sind entsprechend gekennzeichnet. Ein Klick auf einen freien Mitarbeiter öffnet den Dialog. Eine komplizierte Anmeldung ist dafür nicht erforderlich. Das Gespräch selbst wird demnach nicht aufgezeichnet. Dadurch soll die Netzgemeinde sich auf Augenhöhe mit der Hausbank fühlen. Ein schickes Werkzeug oder doch mehr?

Die bisherigen Erfahrungen hätten, so bilanzieren es jedenfalls die Verantwortlichen, bereits widerlegt, dass die Kundschaft mit einem gewissen Fremdeln auf das virtuelle Bankbüro reagiere. Mehr noch: Laut Einschätzung der ASB Bank hat sich die Kundenbeziehung durch das neue Angebot sogar deutlich intensiviert und gefestigt. Die Kunden erlebten ihre Bank als „cool“ und auf Höhe der Zeit.

Natürlich ersetzt eine dialogorientierte Chatanwendung auf Facebook noch kein zukunftsweisendes Geschäftsmodell. Manche Kunden wittern dahinter einen neuen Versuch, sie aufs Glatteis zu führen, durch eine bunte Bilderwelt und harmlos daher kommende Apps, also kleine Zusatzprogramme, die über mobile Geräte von jedem Ort aus den direkten Zugriff auf das Online-Konto und alle übrigen Finanzinformationen ermöglichen.

Ein vordergründiger Versuch der übertünchten Fassadenpflege verspricht indes kaum mehr Erfolg bei der Kundensuche oder –bindung. Wer Social Media nur als reinen Werbe- und Vertriebskanal ansieht, der dürfte durch den Kunden eines Besseren belehrt werden, denn diese Philosophie funktioniert in einer „nutzerzentrierten“ Umgebung nicht so recht, weil gerade in sozialen Netzwerken der Kunde selbst eine Art von „sozialer Killerapp“ darstellt, die bei jeder noch so kleinen Fehlentwicklung wie ein Frühwarnsystem vor einem Erdbeben ausschlagen kann.

Deshalb sind jene Finanzinstitute im Vorteil, die ihr Geschäftsmodell nicht nur kritisch überdenken, sondern in der Lage sind, ihre Produkte neu auszurichten. Funktioniert das wirklich? Schaut man sich entsprechende Vorbilder in Deutschland an, so stechen vor allem jene Banken hervor, die auf ernsthafte Art und Weise den Dialog mit den Kunden aufgenommen haben. Hierzu gehören jene „Social Banks“ der zweiten internetbasierten Generation, die Social Media als integratives Gen in ihr alltägliches Geschäftsgebaren notwendigerweise bereits eingepflanzt haben.

Denn die sozialen Medien, sie werden die Schnittstelle zur technischen Umsetzung von Mobile Banking, virtuellen Währungen, Peer-to-Peer-Lending oder Elementen von Crowdfunding sein, die sich in den kommenden Jahren ihren Platz in der Bankenwelt schaffen. Zu den innovativen Vorreitern auf diesem Gebiet gehört beispielsweise die Münchner Fidor Bank AG, die sich laut eigenem Bekunden als das erste vollständig „Web 2.0-basierte Finanzinstitut“ einstuft. Tatsächlich wird dort, unabhängig davon, ob man Kunde ist oder nicht, vieles sichtbar, was den neuen Kosmos einer nutzerzentrierten Bank ausmachen könnte. Allerdings mit der nicht unwichtigen Einschränkung, dass es wohl global kein Institut gibt, das eine vollständige Transparenz nach innen wie nach außen offeriert.

Dennoch gelten Institute wie die Fidor Bank in technologisch-sozialer Hinsicht als wegweisend, wenn es um den richtigen Mix zwischen moderner Technik, solider Bankdienstleistung und aktiver Kommunikation geht, und zwar oben bei der Geschäftsleitung angefangen, bis hin zur intensiven Auseinandersetzung über Geldanlagen unterschiedlichster Typen, die überwiegend in den Community Foren erfolgt. Hinzu treten technisch anspruchsvolle Applikationen, wie bei der Fidor Bank ein eWallet zum (mobilen) Geldtransfer, der direkt zwischen den Nutzern erfolgen kann.

- **Virtuelle Teamplayer gefragt**

Letztlich geht es beim Social Media Management im Finanzbereich zum einen darum, verloren gegangenes Vertrauen (zurück) zu gewinnen, aber auch eine eigene kundenzentrierte Markenwelt im Netz zu kreieren. Mit „trojanischen Pferden" oder „fakes" funktioniert letzteres sicherlich nicht. Sofern die schöne neue Bankenwelt nur ein Blendwerk und eine Marketingfassade darstellt, wenden sich die Aktivitäten sogar direkt gegen den Urheber derartiger Kampagnen.

Wenn Finanzdienstleister sich also nur damit begnügen, Fans mit Gewinnspielen via Facebook & Co. „einzukaufen", dann dürfte diese Strategie allenfalls kurzfristig von Erfolg gekrönt sein. Mittel- und langfristig im Vorteil sind all jene Institute, die sich zum permanenten Dialog hin öffnen, ohne dabei das eigene geschäftliche Interesse komplett zu verleugnen oder kleinlaut auszublenden. Beiderseitige Fairness lautet das Gebot der Stunde in den sozialen Netzwerken.

Eine in ihrem Produktdesign und der gesamten Wertschöpfungskette durch produktive Einbindung des mündigen Finanzkunden stärker dehierarchisierte Unternehmensstrategie wäre das neue Idealbild, bei der die Masse der Kunden nicht mehr das letzte Rad am Vertriebswagen darstellt. Deshalb bietet Social Media für all jene Manager große Chancen, die betrieblich genutzten sozialen Netzwerke nicht nur an die Riege der Praktikanten delegieren. Im Aufwärtstrend sind diejenigen, die sich einem pragmatischen und lernenden Ansatz verschrieben haben, und diesem einen eigenständigen strategischen Stellenwert ganz oben in der Hierarchie zuweisen.

- **Zusammenfassung: Warum Banken zögern**

Das virale Netzwerkmanagement stellt für die hoch regulierte Bankenbranche eine große Herausforderung dar, weil gerade dort strikte Regeln und Vorschriften dominieren, was den ungehinderten Dialog deutlich erschwert. Soziale Netzwerk stellen den bis dato praktizierten reaktiven Ansatz in Frage, sich vor allem auf die passive Beobachtung und Trendanalyse via Social Media Tools zu beschränken.

Aufgrund der hohen Risiken für Image und Reputation bis hin zur Betriebsspionage und dem drohenden Datenverlust ziehen es deshalb die meisten Institute vor, sich nicht allzu intensiv auf das als „indiskret“ empfundene Glatteis von Social Media zu begeben, um ihre sorgsam gehütete Innenwelt nach außen zu kehren. Das klingt für Außenstehende oftmals wie eine elegante Ausrede. Ist es zum Teil auch.

Die von vielen Spielern unabhängig ihrer Größenordnung als zu anspruchsvoll empfundene Aufgabe bestünde darin, das in den internen Managementsystemen und Personen vorhandene Wissen einzubinden und die jeweiligen Teilsysteme mit den Regelwerken einschließlich aller Aspekte rund um die Compliance (das Einhalten von gesetzlichen Regeln) mit sozialen Netzwerkaktivitäten zu synchronisieren. Jedoch wird sich an dieser Stelle schwerlich eine vollständige Deckungsgleichheit zwischen den Absichten und Zielstellungen des Unternehmens sowie den Interessen der Nutzer herstellen lassen. Die Auflösung dieses inhärenten Widerspruchs setzt folglich ein hohes Maß an innerer wie äußerer Souveränität im Umgang mit kaum zu vernachlässigenden Zielkonflikten voraus.

Andererseits kann das Top-Management die Nutzung von sozialen Medien als Instrument zur Herbeiführung eines sozialen Wandels im eigenen Geschäftsgebaren begreifen - und die ergebnisoffene Interaktion mit Interessenten und Kunden in den Mittelpunkt rücken. Dies zieht jedoch den Auftrag nach sich, neben einer technischen und einer organisatorischen Ebene eine weitere „soziale“, bzw. präziser ausgedrückt eine „kommunikative“ Umgebung (Social Layer) zu etablieren, die sich durch die gesamte Internetumgebung der Bank hindurch zieht. Dieser Social Layer bindet alle relevanten (mobilen) Informationskanäle mit ein, um „user generated content“ durch individuelle Bewertungen, Empfehlungen und weitere rückkoppelbare Elemente in die neu gestaltete Implementierung zu integrieren.

Die positive Folgeerscheinung eines umsichtig und sorgsam agierenden Social Media Managements zögen ein verändertes, deutlich offeneres Darstellungsprofil der Bank nach sich, statt einer vom Nutzer oftmals als „Black Box“ wahr genommenen Institution, bei der sich alle wichtigen Entscheidungen hinter den Kulissen abspielen. Demgegenüber rücken durch den Social Media Manager auch Kundenberater „zum Anfassen“ nach vorne, die mit ihrer offenen Visitenkarte überzeugen und punkten. Der Konsument soll selbst entscheiden und der Bankmensch hilft ihm dabei. Das Bindeglied dazu stellen schließlich gerade jene sozialen Medien und Netzwerke dar, mit dessen Hilfe das Team eine produktive Brücke zwischen Binnenkosmos und Außenwelt schlagen kann.

• Dritte Killerapp: Finanzblogger stören das große Spiel

Nicht nur die Medienindustrie ist durch das Internet in die Krise geraten, oder sagen wir es positiver, einem Wandlungsprozess unterworfen. Auch neue Protagonisten wie die Blogger erheben ihre Stimme, die klassische Tagungszeitung ist mittelfristig nicht nur in den USA vom Aussterben bedroht. Was für ein Aufwand, die Druckerpresse anzuwerfen. Viele Medienverlage sind hierarchisch geführt worden und haben sich dem Wandel verschlossen. Information wird im Zeitalter sozialer Netzwerke jedoch nicht mehr von oben verordnet, sondern entsteht durch ein vielfältiges Meinungsbild. Der Dinosaurier ist irgendwann ausgestorben, weil er sich der Umwelt nicht mehr anpassen konnte. Zeitlose Leitindustrien wie die Banken oder Automobilindustrie mit ihren Besitzansprüchen sind in die Krise geraten. Im Vorteil sind Unternehmen, die mit dem Kunden auf Augenhöhe reden. Was braucht die Finanzwelt wirklich?

- finanzielle Themen mit verständlichen Worten darstellen
- fich zu bestimmten Fachthemen als Finanzexperte profilieren
- witzige Randthemen und Inneneinsichten jenseits vom Mainstream formulieren
- sich mit anderen Nutzern zum lösungsorientierten Dialog vernetzen
- Leser bilden über aktive Netzkommunikation eine Art „Zukunftsrat“

Gehen wir noch etwas weiter ins Detail. Zweifellos befindet sich der Finanz- und Wirtschaftsjournalismus im Umbruch. Sinkende Erlöse, eingeschränkte Entwicklungsperspektiven und eine personelle Ausdünnung der Redaktionsstäbe zehren an Substanz und Qualität. Doch es gibt auch positive Zeichen: Neue Formate verändern den Blickwinkel auf die Finanzwelt und treiben eine bunt gefächerte mediale Innovationskultur voran, von der alle Beteiligten profitieren. Davon wird auch die Bankenwelt erfasst.

Erst wenn vermeintliche Außenseiter sich vom äußeren Rand in die Mitte der Gesellschaft vorgearbeitet haben, nehmen die Leitmedien in der Regel davon Notiz. Ein beredtes Beispiel hierfür ist die Protestbewegung Occupy Wall Street, die sich in den USA gebildet hat, um aus Sicht der Demonstrierenden gegen die Auswüchse eines aus dem Ruder gelaufenen Finanzmarktkapitalismus zu demonstrieren.

Unabhängig davon, welche Haltung der Beobachter gegenüber dieser Bewegung beziehen mag, ist ein mediales Aufmerksamkeitsdefizit offensichtlich geworden. Nämlich, dass sich die Protagonisten in der Wirtschafts- und Finanzpresse gerade in der Frühphase kaum ernsthaft mit relevanten sozialen Phänomenen auseinandersetzt. Im Falle von Occupy Wall Street dominierte zu Anfang sogar vielerorts die überhebliche Tendenz, deren Protagonisten als idealistische Träumer, Weltverbesserer oder gar linke Sektierer abzustempeln.

Erst als sich einige prominente Fürsprecher aus Wirtschaft, Finanzbranche und der Politik für eine gerechtere Verteilung von Reichtum aussprachen, erreichte die Diskussion um die „soziale" Zukunft der Finanzwelt erneut die Titelseiten der einschlägigen Wirtschaftstitel, die sich sonst verstärkt nackten Zahlen, Prognosen und Geschäftsbilanzen widmet, also vor allem mit den Erfolgreichen dieser Welt beschäftigt.

Noch ist völlig offen, ob sich im Falle von Occupy Wall Street aus einem anfänglichen kleinen Proteststurm von heterogenen Gruppierungen überhaupt eine konstruktive Ideenbewegung zur Wiederbelebung der sozialen Marktwirtschaft entwickeln kann. Die relevanten Fragen, die sich im Zuge dessen aber für die mediale Chefagenda stellen, sind kaum anders zu bewerten, als bereits unmittelbar nach Ausbruch der Finanzkrise im Jahr 2008 der Fall. Können Medien ihrer Frühwarnfunktion im Vorfeld von Krisen nachkommen? Gelingt es, ausreichend frühzeitig auf neue Blasenbildungen oder Missstände an den Finanzmärkten hinzuweisen oder dominiert der blinde Fleck?

Sind die Konsequenzen, etwa aus den jüngsten Geschehnissen in Griechenland, von den Leitkommentatoren richtig eingeschätzt worden? Hat man insbesondere die Reichweite der Krise bis hin zu den System gefährdenden Folgen erkannt? Ist die Berichterstattung während der anhaltenden Krise nachhaltig beziehungsweise reflektiert, und reicht sie über eine episodische und punktuelle Darstellung von Ereignissen hinaus? All diese Fragestellungen sind und waren jene Aspekte, die sich mit jedem Aufflammen neuer Turbulenzen seit 2008 an den Finanzmärkten stellen.

- **Herdentrieb verhindert differenzierten Blickwinkel**

Vor drei bis vier Jahren schien kaum jemand in der Expertenriege diese Fragen wirklich beantworten zu können. Warum antizipiert der mediale Herdentrieb die Geschehnisse hinter der großen Fassade in der Finanzwelt so wenig, oder erst mit erheblicher zeitlicher Verzögerung? Die plakativ formulierte Antwort: Der mediale Durchschnitt legt den Fokus auf den Massenmarkt. Er funktioniert ähnlich wie ein Optionsgeschäft an den Börsen.

Analog zur **„Call-und-Put" Funktion** an den Kapitalmärkten herrscht in den wirtschaftlichen Leitmedien die Tendenz vor, relevante Nachrichten „nur" zu pointieren und zu verdichten, also quasi nach oben oder nach unten zu spekulieren, wie es gerade opportun erscheint. So wie es dem allgemeinen Kenntnisstand des Bevölkerungsdurchschnitts entspricht, oder wie es auch nur eine auf die jeweilige Lesergruppe situativ verstärkte Gerüchteküche wider spiegelt, um ein möglichst breites mediales Aufmerksamkeitsfenster zu erzeugen.

Kurzum: Es dominiert in den wirtschaftlichen Leitmedien gerade mit Blick auf komplizierte Zusammenhänge in der Finanzwelt der Geist der Zuspitzung, Vereinfachung und Übertreibung nach oben beziehungsweise nach unten. Bislang halten die Macher an diesem Erfolgsrezept fest, freilich mit den bekannten Nebenwirkungen von Schwarz-Weiß-Malerei und dem Reproduzieren von oftmals gängigen Klischees.

Als Schutzbehauptung dient dabei gelegentlich das vorgetragene Argument, wirtschaftliche und fachliche Komplexität zu demonstrieren, dies könne kaum für Auflage und damit Wirtschaftlichkeit sorgen. Intelligente und differenzierte Beiträge über komplexe Zusammenhänge zu publizieren, die selbst Insider in der Finanzwelt kaum verstünden, so betont es das Gros der Macher fast gebetsmühlenartig, das sei etwas für Randgruppen und Nischenmärkte – und lasse sich somit kaum mit entsprechend großer Reichweite vermarkten.

Unabhängig davon, ob man dieser These zustimmt oder nicht, das Innovationsdilemma in den Wirtschafts- und Finanzmedien bleibt bestehen. Der mediale Durchschnitt liegt bei kritischen historischen Zäsuren letztlich falsch. Es ist eine Art von systemimmanenter Betriebsblindheit, in der die Akteure gerade in drastischen sozialen und wirtschaftlichen Umbruchszeiten strukturell gefangen sind.

Als Beleg für diese These mag die Aussage fungieren, dass rund drei Viertel aller Menschen an der Börse regelmäßig Geld verlieren. Höchstens ein Viertel der Marktteilnehmer ist überhaupt in der Lage, das Spiel an den Kapitalmärkten erfolgreich zu gestalten. Wer gewinnen will, muss dort gegen den Strom schwimmen, also Zukunftstrend rechtzeitig antizipieren. Vor diesem nüchternen Hintergrund sollte die immer wieder neu aufflammende Finanzkrise im Lichte der Berichterstattung neu eingeordnet werden.

In einer Studie der Otto-Brenner-Stiftung zum Status Quo des Wirtschaftsjournalismus aus dem Jahr 2010 hatten die Autoren die gravierenden Defizite einer am Massengeschmack orientierten Berichterstattung heraus kristallisiert. Mit Blick auf die Oberhoheit über die Stammtischmeinung gelangte die Otto-Brenner-Stiftung nun in einer jüngeren Studie zu der eindeutigen Schlussfolgerung, dass mit dem griechischen Volk nun der ideale Sündenbock für die Verwerfungen in der Finanzwelt gefunden sei.

- **Modernisierung: Greift das propagierte Erfolgskalkül?**

Die in den Massenmedien gängige Formel ließe sich geradezu symptomatisch auf den Umstand herunter brechen, dass Griechenlands Schuldenkrise identisch mit der Eurokrise zu setzen sei. Gerade Deutschlands auflagenstärkstes Printmedium BILD habe sich, so die Autoren der Otto-Brenner-Stiftung weiter, der überaus eingängigen Losung verschrieben, sich aus billigem Populismus nur einseitig um die Perspektive der deutschen Steuerzahler zu kümmern. Die Griechen hingegen, mit ihren „satten Sünden", sie hätten die Welt betrogen und deshalb keine Hilfe verdient. Ihnen bei der Bewältigung der Schuldenkrise nicht beizustehen, komme somit einer gerechten Strafe gleich.

Die gelernte Lektion dieses verkürzten Blickwinkels auf die Finanzökonomie lautet: Die Wirtschafts- und Finanzmedien sind so gut wie der Bildungsstand der Bevölkerung, also ziemlich niedrig. Oder wie es Ariana Huffington, die Gründerin der amerikanischen Online-Zeitung Huffington Post, wie folgt ausdrückte: *„Und sie* [die Wirtschaftsmedien, Anmerkung des Autors] *waren mehr Cheerleader des Turbo-Kapitalismus als Kritiker".*[3]

Wer nun jedoch anhand einer offensichtlichen Sinnkrise eilfertig das Ende des Wirtschafts- und Finanzjournalismus in der bisherigen Funktionsweise proklamiert, übersieht eines: Nämlich, dass erprobte Alternativen kaum auf der Hand liegen. Denn die Existenzkrise relativiert sich dadurch, wenn man Leitmedien nicht in erster Linie als „höhere moralische Bildungsanstalt" begreift, sondern in erster Linie als einen Wirtschaftsbetrieb ansieht, der den jeweils herrschenden Spielregeln verpflichtet ist.

3 Siehe dazu das Interview mit Arianna Huffington, in: Spiegel online v. 07.02. 2011. Quelle: http://www.spiegel.de/kultur/gesellschaft/0,1518,743905,00.html.

Dies bedeutet ein Stärken-Schwächen-Profil, das folgende Aspekte umfasst:

- Die Wirtschaftsberichterstattung lebt vom Massengeschmack, nicht von den Randmeinungen.
- Es dominiert der Fokus auf die Global Player in der Wirtschaft.
- Das Gros der Finanzmedien huldigt dem Herdentrieb an der Börse.
- Home Stories sind glatt und langweilig.
- Eine differenzierte Sicht auf die Wirtschaft interessiert nur wenige Leser.
- Eine „Sowohl-als-auch"-Tendenz in der Berichterstattung erscheint langwei lig.
- Der zweite Blick hinter die Nachricht findet kaum statt.
- Schwindet der Einfluss klassischer Wirtschaftsjournalisten auf die Unterneh men und umgekehrt?

Wo aber liegt die Zukunft? Mit technischen Lösungen allein im Zuge einer Modernisierung der redaktionellen Prozesse und Abläufe lässt sich kaum ein neues tragfähiges Geschäftsmodell generieren. Manche sehen mobile Endgeräte wie das iPad, mit deren Hilfe die Leser bequem und zeitnah Informationen abrufen können, als neue Heilsbringer an. Jedoch entbindet dies die Verantwortlichen nicht von der brennenden Frage, mit überzeugenden Inhalten beim Leser zu punkten, gerade wenn es um neue Bezahlmodelle im Netz geht.

Eine Blaupause für ein funktional logisches Geschäftsmodell scheint hier bislang nirgendwo erkennbar. Somit bleibt es fraglich, für welche Qualität der Kunde bereit ist zu zahlen, wenn andernorts – etwa in der Blogosphäre und auf weiteren einschlägigen Seiten – sich die Inhalte genauso gut aufspüren und nachvollziehen lassen. Aber auch das von Medienmachern gelegentlich ins Spiel gebrachte Credo, alternativ mit kostenlosen Inhalten plus flankierender Werbung zu punkten, erweist sich kaum als zielführende betriebswirtschaftliche Lösungsformel.

Fest steht vielmehr, dass sich die Grenzen zwischen Innen- und Außenwahrnehmung beim kollaborativen Journalismus weiter auflösen werden. Der inhaltliche Megatrend zur Differenzierung am Markt besteht darin, neue Wege im konstruktiven Kapitalismus aufzuzeigen. Lesercommunities und eine dadurch erhöhte Dialogbereitschaft gehören nicht nur zur schicken Fassade, wenn Macher und Rezipienten sich auf Augenhöhe begegnen. Eine deutlich bürgernähere und weniger hierarchisch gruppierte Wirtschafts- und Finanzberichterstattung dürfte die Folge sein, bei der sich Fach- und Gastbeiträge um aktive Feed-back-Elemente über unterschiedliche Frequenzen und Kanäle ergänzen.

• Versierte Blogformate hauchen frisches Leben ein

Am Beispiel der Resonanzanalyse zur Bewegung Occupy Wall Street lassen sich erste Umrisse einer neuen Informationspluralität gegenüber einer bislang fast ausschließlich von zentraler Hand orchestrierten Finanz- und Wirtschaftsberichterstattung erkennen. Unzählige Blogs und Beiträge in sozialen Netzwerken zeigen das große Spektrum an Ideen und Meinungen auf, anhand derer sich die Leser ein intensives Bild über die aktuellen Geschehnisse und deren Hintergründe machen können.

Natürlich führt die steigende Zahl von Blogformaten auch dazu, die Ware Information zum rasch veröffentlichten und oftmals wenig aussagekräftigen Allgemeingut zu reduzieren – und so indirekt den medialen Überfluss sogar weiter zu befördern. Jedoch geht es in diesem Szenario nicht darum, klassische Medien durch individuelle Internettagebücher gänzlich zu ersetzen, sondern diese hinter dem „Eisernen Vorhang" hervorzuholen und durch vielseitige Blickwinkel von gewissen Erstarrungsritualen und Schablonen zu befreien.

Zweifellos spielen profilierte Wirtschafts- und Finanzblogs künftig zumindest in der qualitativ hochwertigen Nische eine prägende Rolle, dessen Charme sich auch der mediale Durchschnitt nicht entziehen wird. Eine visionäre Entwicklung in Richtung „Finanzjournalismus 2.0" scheint greifbar, die ihren Markt von den medialen Rändern her ausweitet. Online-Portale mit Blogcharakter wie Businessinsider, Zerohedge und viele andere kombinieren bereits heute auf geschickte Art und Weise die Welt der Nachrichten mit hintergründiger Berichterstattung.

Und einige dieser Online-Portale sind längst vom Schattendasein ins Rampenlicht getreten. Mittlerweile verfügen Businessinsider und Co. in den USA nicht nur über nennenswerte Reichweiten, Werbeeinnahmen und personelle Ausstattung. Sie gehören auch zu den von gängigen Leitmedien immer öfters zitierten Quellen, wenn es sich um exklusive Geschichten oder persönlich eingefärbte Hintergrundberichte handelt.

Das Fazit zu dieser zweiten Killerapp lautet deshalb: Einbahnstraßenkanäle und selektives Nachrichtenmanagement mit vermeintlich exklusiven Geschichten verlieren angesichts einer neuen Medienvielfalt an Gewicht. Zweifellos verstärkt sich dadurch der Trend zum personalisierten Wirtschafts- und Finanzmedium im Netz, mit einer weiteren Vertiefung in Richtung Themen- und Spartenkanäle, die der geneigte Leser in einer Art Baukastenprinzip individuell konfigurieren kann.

Dies führt dazu, dass gerade die Leitmedien nicht umhin kommen, neue Spieler wie soziale Medienkanäle oder andere vermeintlich rudimentäre Nachrichtenseiten ernst zu nehmen und sukzessive kreative Spielelemente in ihr eigenes Geschäftsmodell einfließen zu lassen. Dadurch wächst die Nische für „echte“ Geschichten, mit unterschiedlichen Akteuren und Unternehmern zum Anfassen. Die Berichterstattung bewegt sich damit partiell, verstärkt durch den sozio-ökonomischen Paradigmenwandel in der Finanzwelt, weg von Stereotypen und Hochglanzbildern, zumindest wenn diese einer genaueren Überprüfung durch die Gesellschaft nicht mehr standhalten.

Dieser Trend birgt für die künftige Generation von Wirtschafts- und Finanzjournalisten eine große Chance in sich, indem sie neuen Charakter einer ungleich stärker vernetzten Ökonomie 2.0 in seiner ganzen medialen Vielfalt widerspiegelt und aktiv begleitet. Eine Studie von Deutsche Bank Research zum Umbruch im Verlagswesen bündelt diese Einschätzung in der Überzeugung, dass sich die Trennlinie zwischen Medienkonsument und Medienmacher über dezentral gruppierte Kommunikationskanäle, die sich mit Begrifflichkeiten wie Social Media und anderen dezentralen Medienformaten verbinden, weiter auflösen wird.

Nicht nur eröffnet dieser Umstand seitens der Wirtschafts- und Finanzmedien die Chance, jenseits von modischen Accessoires eine bi-direktionale Beteiligungswelle mit effizientem Zuschnitt einzuleiten. Das neue Rollenspiel bietet darüber hinaus die Option, die eigene Wertschöpfungskette gründlich an die neuen Erfordernisse anzupassen sowie belebende Konzepte daraus zu entwickeln. Daraus könnten schließlich neue Formate und Opportunitäten erwachsen, um das eigene Profil, die Wahrnehmung, Aufmerksamkeit und Verweildauer zu schärfen oder gar zu erhöhen. Eine deutlich größere Medienvielfalt von unten bietet somit gerade für Fachverlage, aber auch für versierte und offene Wirtschafts- und Finanzjournalisten sowie Blogger die Chance, sich über Mehrwertdienste am Markt zu (re)differenzieren.

- **Vierte Killerapp: Social Media stellt Machtgefüge in Frage**

Wir sind heute (fast) überall in den sozialen Netzwerken präsent, wir facebooken, twittern, xingeln und youtuben, was das Zeug hält. In nicht wenigen Betrieben sieht der Arbeitsplatz der Vorgesetzten trotzdem noch so aus: Die Sekretärin druckt die eMails aus und schaltet den Computer an und ab. Nur die unteren Hierachie-Ebenen, so das Credo, dürfen und sollen immer erreichbar sein. Sonst aber soll alles so bleiben wie es war. Wie wäre es, wenn die Kunden über Social Media eigene Vorschläge für regionale Projekte einbrächten und sich direkt an sinnvollen Vorhaben in der Finanzwelt beteiligten. Manchem Chef würde bei so viel ungeplantem Engagement ein Zacken aus der Krone fallen.

Eine selbst erstellte Graphik veranschaulicht das strukturelle Problem, das „magische" Bermuda-Dreieck im Beziehungsgeflecht zwischen Kunde und Bank:

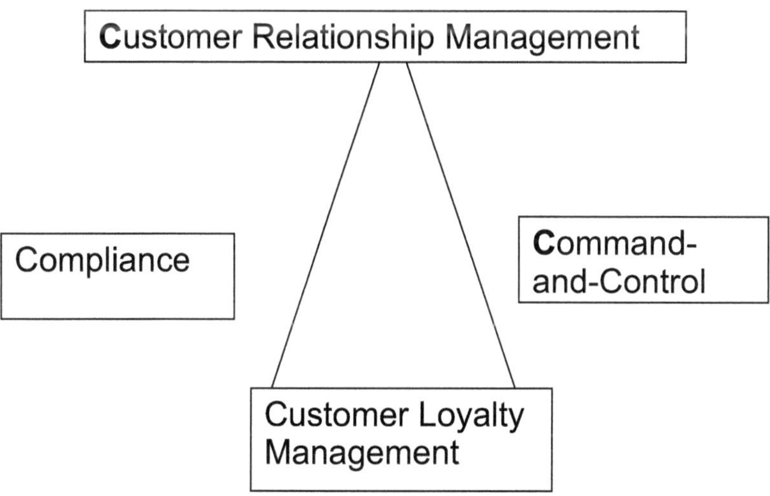

Gibt es eine Alternative zur hierarchisch gesteuerten Produktwelt? Mit ein paar Powerpoint-Präsentationen ist es nicht getan. Zu wenig beschäftigen sich Social Media Strategen mit dem Geschäftsmodell von Unternehmen und einzelnen Branchen. Zu wenig beschäftigen sich die Social Media Evangelisten mit den Tücken der organisatorischen Kernprozesse.

Das neue Webevangelium wirkt deshalb oftmals hipp und aufgesetzt. Müssen wir dafür wirklich Geld ausgeben? Sicherlich: Weblogs, Twitter und ein paar andere Funktionalitäten können dem Unternehmen einen freundlicheren, vielleicht auch transparenten Anstrich verpassen. Die wirkliche Neuerung ist natürlich eine andere, als die ein bisschen kosmetisches window dressing zu betreiben. Das Internet ist kein „Geistheiler" für schlechte Bankprodukte, die nur provisionsgetrieben sind.

Der Clou besteht nicht nur in der Frage, in welcher Weise die sozialen Medien in Verbindung mit einer intelligenten Analyse der Geschäftsprozesse dazu beitragen können, die Transparenz und Beteiligung der „Crowds“ zu befördern. Mehr noch: Wie lässt sich der Innovationsprozess und die Produktgestaltung sinnvoll auf den Kopf stellen? Aber nicht in der grauen Theorie, sondern durch harte und schmerzhafte Erfahrungen in der Praxis. Dazu bedarf es einer Social Media Strategie, die sich an „aussagefähige“ Analyse- und Prognosesysteme andockt. Dazu bedarf es intelligenter Votingsysteme, die Bedarf und Nachfrage der Stakeholder rund um die Uhr erfassen und ausbalancieren.

Bald könnten die Anleger selbst (mit) bestimmen, welche Kredite wie vergeben werden. Der Plattformbetreiber wird natürlich die Bonität prüfen und auch noch ein Auge drauf haben, welche Vorhaben aussichtsreich sind. In der Praxis ist das schwierig und nicht mit Werkzeugen von der Stange zu lösen. Der Markt wird es aber schon richten. Märkte sind Menschen. Und Menschen führen Gespräche. Zentral sind die Aspekte „Transparenz“ und „Selbstbestimmung“, durch die mit Hilfe von Social Media im Zeitalter der Bank 2.0 die Nutzer selbst bei der Gestaltung von Bankprodukten mitwirken, um die Geldströme produktiv und nah am Puls der realen Wirtschaft zu platzieren.

Social Media bedeutet ganz banal vom Nutzer erstellte Inhalte, nicht jene von der Bank. Wem vertrauen die Menschen, wie wird das Geld „gewonnen“, wer vermehrt es mit welchen Mitteln? Mehr Glaubwürdigkeit entsteht erst durch Transparenz und aktive Beteiligung, gerade im Bankwesen. Die Bank nimmt den Kunden ernst und kommuniziert auf Augenhöhe. Social Media ist demzufolge keine Technik, sondern eine permanente Aktion, um die Gespräche zwischen Bank und Kunden auf gleicher Augenhöhe zu unterstützen. Starre Hierarchie wird somit durch einen Geist der zwar nicht immer gleichberechtigten, jedoch moderierten Kooperation abgelöst. Märkte sind Gespräche mit offenem Ausgang. Kommunikation, Austausch von Argumenten, Zuhören. Das Motto: Überzeugen statt überreden. Und wenn dies nicht gelingt, dann lässt man den Kunden halt wieder von dannen ziehen. Er ist später vielleicht einmal dankbar für mehr Freiheit.

Klar ist auch, wenn die „Facebook Filiale“ am Ende nur aus einer Weiterleitungsfunktion auf die eigenen Webseiten der Bank besteht, dann hätte der Nutzer am Ende dadurch nicht viel gewonnen, außer dass er zum Werbevehikel der interaktiven Bankenwirtschaft mutiert. Direkt eine „Facebook-Filiale“ zu eröffnen, diese Idee scheint ohnehin überbewertet, allein schon aus Sicherheits- und Datenschutzgründen. Wichtig ist etwas anderes: Banken können von den sozialen Netzwerken lernen, wie man kommuniziert und sich vernetzt.

Die hybride Bankfiliale der Zukunft sollte sich auf Augenhöhe mit einer modernen Erlebniswelt bewegen, die in punkto Bedienkomfort, Bequemlichkeit und Nutzerfreundlichkeit mit jener zu konkurrieren hat, wie sie gerade jüngere Nutzer im Internet und künftig immer mehr auch auf mobilen Endgeräten vorfinden. Sonst bleiben wir lieber zu Hause. Gelingt es den Architekten und Designern hier einen kommunikativen Mehrwert jenseits einer Schicki-Micki-Fassade zu schaffen, dann wäre sogar die kleinere Hausbank vor Ort repräsentativ. Allerdings nicht auf der Basis einer hochgestochenen und möglicherweise teuren Architektur-Vision. Dies setzt jedoch voraus, sich von einer funktionalen Betrachtungsweise des Bankkunden zu lösen, die darauf abzielt, den Passanten – ob virtuell oder real – nur möglichst rasch und geschickt an den richtigen Knotenpunkt zu lotsen, um ihn hernach mit den eigenen Bankprodukten zu überrumpeln.

Social Media ist deshalb vor allem anderen eine „Partizipationsmaschine", nur wer Kunden und Mitarbeiter tatsächlich produktiv in die eigene Unternehmensphilosophie einbinden will, der kann die Instrumente auch kreativ nutzen. Social Media ist kein Glücksbringer, Umsatztreiber oder Kostensenkungsmaschine. Eine wirkungsvoll integrierte Social Media Strategie kann nur auf Vorstandsebene angesiedelt sein und nicht auf operativer mittlerer Ebene beginnen. Andernfalls findet die soziale Mediennutzung nur als inszenierte Kulisse statt, da sie nicht im Innern im Kerngeschäft von Banken verankert ist, sondern an der haltlosen Peripherie, wo die sozialen Medien geist- und seelenlos vor sich hin wabern, ohne produktive Rückkoppelung in die Chefetage.

Wer Social Media und die heiße Standleitung zum Kunden also nur als erweiterten Vertriebs- und Werbekanal ansieht, der sollte lieber im Elfenbeinturm der „Black Box Bank" bleiben. Welche Fähigkeiten benötigt das Management für eine gelungene Social Media Strategie, um mit dem Kunden auf Augenhöhe zu kommunizieren? Erstens: Eine hohe Affinität zur zwischenmenschlichen Kommunikation ohne Hierarchiegefälle. Zweitens: Die besondere Fähigkeit, spielerisch elegant und gleichzeitig glaubwu?rdig mit Kritik zu jonglieren. Drittens: Ein rasches, situativ angemessenes Reaktionsvermögen auf neue Trends. Viertens: Hinzu tritt ein hohes Maß an emotionaler Intelligenz bzw. Empathie, was sich nur bedingt durch theoretische Auseinandersetzung erwerben lässt.

Übertriebene operative Hektik und ein „Überspielen" der sozialen Interaktionskanäle mit den eigenen Botschaften des Unternehmens löst den gordischen Knoten zwischen Social Media Management und Marketing nicht auf. Stattdessen besteht die Hauptaufgabe darin, im Designansatz ergebnisoffene Strategien fu?r das Management von dezentralen Netzwerkeinheiten zu entwickeln, etwa indem sich ein Corporate Weblog jenseits von Marketingversprechen als innovativer Problemlöser am Markt fu?r hoch spezialisierte Finanzprodukte und Anlagestrategien positioniert.

- **Praxisbeispiele: Wer mischt vorne mit in der interaktiven Bankenwelt?**

Die Deutsche Bank stellt über verschiedene Social-Media-Plattformen aktuelle Informationen bereit. Dazu gehören „Tweets", aktuelle Videos und Bilder sowie abonnierte Nachrichten über personalisierte Kanäle. Für Außenstehende wirken die Auftritte oftmals distanziert und einem Hochglanz-Werbeprospekt ähnlich. Eine strategisch positionierte Social Media Unit befindet sich zudem erst noch im Aufbau.

Ing-DiBa: Deutschlands größte Direktbank hat die innovative Plattform finanzversteher (www.finanzversteher.de) etabliert. Neben Basisinformationen über Risiken und Chancen einzelner Anlageklassen gibt es dort einen „Geldautomaten-Radar", aktuelle Nachrichten über ein regelmäßig gepflegtes Blogformat sowie ein Youtube-Fernsehzimmer.

GLS Bank: Der strategische Ansatz der Ökobank über diverse Social Media Kanäle besteht darin, eine Konsistenz in der Innen- und Außendarstellung jenseits von reinem Marketing herzustellen, durch ein permanent gepflegtes Dialogsystem, verortet in einer konstruktiv-offenen Öffentlichkeitsarbeit. Voraussetzung: Support aus der Chefetage.

Fidor Bank: Die Münchner gelten auch im internationalen Vergleich als eine der weltweit innovativsten Spieler. Die Fidor Bank AG setzt dabei konsequent auf die Wirkungsmechanismen im Web 2.0. Für Interaktion und Kommunikation nutzt die Bank neben einer eigenen stetig wachsenden Community alle gängigen Social Media Plattformen, beispielsweise Twitter, Xing, Youtube und Facebook.

ASB Bank (Neuseeland): Chat-Anwendung als Facebook-App. Vorteile: Virtuelle Kundenberater „zum Anfassen" schaffen zweite Erlebnis- und Kommunikationsebene zur Bankfiliale. Die Netzgemeinde fühlt sich auf Augenhöhe mit der Hausbank. Aktive Rückkoppelung schafft Mehrwert und erhöht Kundenbindung.

Caja Navarra (Spanien): In seinem persönlichen Konto (Civic Banking) kann jeder Kunde bis zu drei soziale Vorhaben mit bis zu 30 Prozent seines Depotgewinns fördern. Nutzer können sich auch gegenseitig Geld verleihen. Im Gegenzug erhält das Mitglied detaillierten Zugriff auf alle Informationen, wofür die Bank ihre Mittel konkret einsetzt.

Die positive Folgeerscheinung eines umsichtig und sorgsam agierenden Social Media Managers zöge ein verändertes, deutlich offeneres Darstellungsprofil der Bank nach sich, statt einer vom Nutzer oftmals als „Black Box“ wahrgenommenen Institution, bei der sich alle wichtigen Entscheidungen hinter den Kulissen abspielen. Demgegenu?ber ru?cken durch den Social Media Manager auch Kundenberater „zum Anfassen“ nach vorne, die mit ihrer offenen Visitenkarte u?berzeugen und punkten. Das Bindeglied dazu stellen schließlich gerade jene sozialen Medien und Netzwerke dar, mit deren Hilfe das Team durch bewährte Praktiken und Programme eine produktive Bru?cke zwischen der Innenwahrnehmung und der Außenwelt schlagen kann. Dann erübrigt sich auch die Frage, ob und wie sich ein solches Vorgehen finanziell rechnet.

- **Zusammenfassung: Erfolgskontrolle im Social Media Management**

- Wie „messbar“ ist der Erfolg von Social Media?
- keine Kaffeesatzleserei mit bunten Graphiken betreiben, um das Controlling mit später nicht einlösbaren „Zahlenwerken“ zufrieden zu stellen
- stattdessen klar nachvollziehbare qualitative Maßstäbe definieren
- Wie viel Kritik, wie viel positives Feed-back kommt herein? (Chancen-Risi ko-Balance)
- Schlüsselfaktoren der Beratungsqualität bestimmen (Kosten-Transparenz, Konditionen, Servicequalität, Interaktion)
- Der Kunde trägt im Idealfall zu mehr Effizienz in der Anlageberatung bei, in dem er als informelles Korrektiv dazu motiviert, die Produkte bedarfsgerecht auszurichten
- Der Social Media Manager stellt das strategische Bindeglied dar, um das in ternetbasierte Qualitätsmanagement entlang der gesamten Prozessroutine verlässlich zu moderieren und fortlaufend zu betreuen

• Fünfte Killerapp: Virtuelle Währungen bringen Farbe ins Spiel

Parallel zur Ausbreitung und Verschmelzung von mobilen und internetbasierten Bezahlverfahren stellt sich die Frage, ob sich die einzelnen Varianten auch direkt über soziale Netzwerke verbreiten, in denen die Nutzer mit ihren Ideen aktiv sind. Der dafür prädestinierte Vorreiter wäre natürlich das Netzwerk Facebook, in dem sich bald rund eine Milliarde Menschen registriert haben dürften. Auf einen finanziellen Wert von einer halben Milliarde US-Dollar kalkulieren Experten den über die hauseigene Währungseinheit ‚Facebook Credits' generierten Austausch von Gütern und Dienstleistungen. Die virtuelle Bezahlvariante funktioniert so: Die Nutzer „tauschen" seit der ersten Testphase anhand des neuen Zahlungsmittels mit anderen Nutzern ihre Produkte, wie Spiele, Musik, Bücher und vieles mehr. Die Mitglieder bezahlen die jeweiligen Produkte in der virtuellen Auslage des „Facebook-Geschenkladens" jedoch nicht in US-Dollar oder in Euro, sondern mit ‚Credits', die diese gegen Bargeld eingetauscht haben.

Seit dem Frühjahr 2009 hat das soziale Netzwerk Facebook die virtuelle Währung in einer längeren Testphase von Drittanbietern in deren geschäftliche Anwendungen und Online-Shops integrieren lassen, und zwar als gleichberechtigte Zahlungsweise neben der Kreditkarte. Bislang hat das System in seiner Bedeutung für den Kauf und Verkauf von virtuellen oder realen Gütern zwar nur eine begrenzte Bedeutung. Jedoch stellt Facebook Credits als eines der derzeit einflussreichsten Entlohnungssysteme in der virtuellen Geldökonomie ein wichtiges Element dar, denn die Nutzer können sich gegenseitig ‚Credits' vergeben, gerade wenn sie Geschenke für andere kaufen.

Das Fernziel dürfte eine Art „virtueller Tauschring" sein, der auf einer Balance zwischen sozialen und monetären Komponenten basiert. Auch technologisch rüstet der soziale Netzwerkbetreiber Facebook weiter auf. Seit drei Jahren können die Nutzer ‚Credits' auch über mobile Telefone und Applikationen ordern. Aber: Letztlich stellt dies für die Betreiber und Gründer der Plattform jedoch vor allem ein Mittel zur Kundenbindung dar, als eine alternative Währungseinheit, die den monetären Kreislauf umgestaltet. Es ist zwar kurzfristig nicht damit zu rechnen, dass IT-Konzerne komplett eigene Bezahlsysteme entwickeln, also eine virtuelle Standardwährung zum realen Cash bereit zu stellen. Vielmehr könnten ‚Facebook Credits' die Wegstrecke zwischen den Entwicklern und Nutzern von zusätzlichen kreativen Webshopelementen (Apps) beschleunigen – und somit deren geschäftliche Interaktion ohne Zwischenstation beflügeln.

Gesellschaftlich gesehen spielt dem Trend ohnehin nicht primär das Bedürfnis nach einer sozial-ökologischen Spielvariante in die Hände, zu der auch Regionalwährungen zu rechnen sind, als vielmehr der allerorts grassierende Spieltrieb via Social Gaming. Hinzu kommt aber auch die zunehmende Spaltungstendenz zwischen Arm und Reich, die insbesondere aus den unteren und mittleren sozialen Schichten heraus neue Modelle und Bankdienstleistungen bis hin zu den „Banklosen" hervor bringen wird. Auch hier stellt die USA eine Blaupause für die künftige Entwicklung dar.

- **Sechste Killerapp: Kunden demaskieren schlechte Finanzberater**

Im Internet können Verbraucher alle erdenklichen Produkte vom Urlaubshotel bis zur Toilettenbürste kommentieren. Kann man dem Ganzen überhaupt trauen, wenn bezahlte Agenten manipulierte Einträge anlegen? Im Netz etablieren sich auch Plattformen, auf denen Kunden ihr Urteil über die Qualität von Finanzberatern und –produkten abgeben. Das klingt logisch. Aber kann man die Leistung von Bankberatern überhaupt nach vernünftigen Kriterien bewerten? Denn Finanzvermittler sind selten besser als die Produkte, die sie verkaufen.

Der Handlungsbedarf in der nach wie vor provisionsgesteuerten Finanzbranche scheint groß. Denn nicht mal jedes fünfte Produkt trifft den realen Bedarf des Kunden. Mit diesem Papiertiger klappt es bestimmt nicht: In einem zentralen Register der Bundesanstalt für Finanzdienstleistungsaufsicht (BaFin) sind rund 300.000 Berater von Banken und Sparkassen registriert. Nicht vom Gesetz erfasst werden jedoch die so genannten freien Finanzvermittler. Hierfür sollte es ein eigenes gesetzliches Regelwerk geben und die Überwachung sollte durch die Gewerbeaufsichtsämter erfolgen. Das klingt nach viel Bürokratie und noch mehr oberflächlichem Aktionismus.

Bietet das Netz eine wirkliche Lösungsperspektive? Auf der Internetplattform whofinance etwa können sich mündige Verbraucher bundesweit ein umfassendes Bild über die von Kunden bewertete Qualität einzelner Finanzberater machen. Die Kunden bewerten ihren jeweiligen Berater anhand eines „neutralen" Fragebogens, was die Transparenz bei finanziellen Anlageentscheidungen erhöhen soll. Im Januar 2012 war bei whofinance.de die 30.000 Bewertung eingegangen. Veröffentlicht wurden aber nur 21.400 Bewertungen. Demnach überwiegen die positiven Aussagen. Aber auch die staatliche Zahl von 8.400 Bewertungen ist nicht frei geschaltet worden. Die Qualitätsprüfung habe hier zumindest Zweifel an der Richtigkeit der Aussagen oder der Authentizität des Absenders ergeben.

Die Verbraucher suchen auch anderswo in diversen Finanz- und Börsencommunities online nach „fähigen" Finanzberatern, die Kundenbedürfnisse berücksichtigen und dies mit Hilfe von Bewertungen ihrer Kunden auch belegen können. Allerdings verdichtet sich das Bild erst dann zu einer fundierten Aussage, wenn die Anzahl der Nutzer weiter steigt. Den „idealen" Bewertungsalgorithmus für Finanzberater zwischen Schwarzbuch und Persilschein wird es deshalb kaum geben. Der Kunde sollte derartige Bewertungen nur als ergänzenden Maßstab heranziehen. Und: Eigene Kompetenz in Geldfragen aufzubauen, um an der einen oder anderen Stelle mal auf den Rat anderer zu verzichten, das kann nie schaden.

Es bleibt somit fraglich, ob die Kundenbewertungen zu den Finanz- und Versicherungsberatern ein wirklich fundiertes Gesamtbild zur inhaltlichen Performance abgeben. Weiche Kriterien wie Freundlichkeit oder Zeitaufwand sind zwar wichtig, aber nicht unbedingt entscheidend. Provokant ausgedrückt wäre so manchem Kunden ein Berater lieber, der unfreundlich ist, aber dafür „reinen Wein" einschenkt, über seine Provisionen und über die Risiken und Chancen, die in dem liegen, was er gerade mit so eindrucksvollen tollen Charts präsentiert hat.

Ich selbst hätte dazu folgenden salomonischen Vorschlag anzubieten: Ich würde einem Finanzberater beim ersten Gespräch vorschlagen, ihn an den Verlusten ebenso prozentual wie an den Gewinnen zu beteiligen. Das erhöht den Ehrgeiz meines Gegenübers enorm, sich fair zu verhalten. Aber vielleicht würde jeder Finanzvermittler sogleich wieder die Türe hinter sich zuschlagen und das Weite suchen. Wie also kann man die Arbeit der Finanzberater überhaupt bewerten? Ganz einfach, viele Augen sehen mehr als zwei.

• Siebte Killerapp: Crowdfunding schafft neuen Mikrokosmos

Beim Crowdfunding fungiert die „Crowd", die anonyme Masse der Internetnutzer, als Kapitalgeber oder Spender. In den USA werben Vorreiter wie die bereits prominente Plattform Kickstarter frisches Kapital oder Spenden für Existenzgründer, Künstler und Startups ein. Jetzt greift der Trend auch auf die übrige Wirtschaft über. Denn gerade kleinere und risikoreiche Investitionen versprechen oftmals nur geringe Margen. Mittlerweile hat dieser Trend auch die professionelle Unternehmensfinanzierung erfasst.

In der Regel ist bei dem Kunstbegriff Crowdfunding eine Aktion durch eine Mindestkapitalmenge gekennzeichnet, die durch die Masse fremdfinanziert sein muss, bevor die Aktion startet. Im Verhältnis zur Mindestkapitalmenge leistet jedes Mitglied der Masse (Crowdfunder) nur einen geringen finanziellen Anteil. Das Modell weist einige Gemeinsamkeiten aber auch Besonderheiten im Vergleich zum Social Lending und Sponsoring sowie Fundraising auf.

In der kommerziellen Variante fungiert eine professionelle Online-Plattform bzw. ein IT-Dienstleister beim Crowdfunding als Mittelsmann gegen eine Vermittlungsprovision, die in der Regel bis zu 10 Prozent der Gesamtsumme beträgt. In der breiten Öffentlichkeit bekannt wurde Crowdfunding durch medienwirksame Großprojekte mit populären Künstlern, wie der Musikgruppe Public Enemy, die ihr neues Album direkt durch die Fangemeinde mitfinanzieren ließ.

Mit Crowdfunding wird zum einen die Marktmacht der institutionellen Investoren umgangen, zum anderen können einzelne Investoren ihr Kapital auf verschiedene Firmen streuen, um ihr eigenes Risiko zu minimieren, aber auch die Preisbildung zu verbessern. Nachdem sich zunächst erste Plattformen aus dem kulturellen oder philanthropischen Bereich wie startnext.de oder betterplace.org bereits erfolgreich etabliert haben, rücken nun auch Plattformen für geschäftliche Kredite wie seedmatch.de und innovestement.de zur Finanzierung eines Start-Ups in den Fokus. Erste Projekte sind bereits erfolgreich angelaufen.

Werbewirksam Furore machte im Juni 2010 auch das Projekt Diaspora. Vier Studenten benötigten für die Entwicklung einer neuen Internetplattform rund 10.000 US-Dollar. Die Plattform Diaspora sollte dabei als anwenderfreundliche Alternative zum sozialen Netzwerk Facebook aufgebaut werden. Sie warb gegenüber dem weithin bekannten Original mit dem Argument von mehr Datenschutz und einer dezentralen Speicherung der Nutzerdaten direkt auf dem Rechner des Anwenders.

Immerhin mehr als 200.000 US-Dollar kamen so bei der Aktion rasch zusammen. Unter den Spendern für Diaspora befand sich auch Facebook-Gründer Mark Zuckerberg. Ein weiteres Praxisbeispiel verdeutlicht das Grundprinzip. Eine New Yorker Futuristin warb bei der weltweit führenden Plattform Kickstarter.com um Unterstützung für ein ähnlich gelagertes Vorhaben, das die Initiatorin über ein professionelles Video-Testimonial ihren potentiellen Unterstützern als „The Future of Facebook Project“ präsentierte. Laut Projektbeschreibung sollen darin Spezialisten und andere Interessierte die nicht nur geschäftlichen Zukunftsperspektiven des weltweit größten sozialen Netzwerks Facebook ausloten. Das Spendenziel bei diesem Vorhaben lag bei 5.000 US-Dollar, eine durchaus adäquate Summe bei derartigen Finanzierungen. Binnen weniger Wochen kam, so auch bei dem The Future of Facebook Project, deutlich mehr Geld zusammen.

Der Reiz des Crowdfunding-Modells besteht darin, dass die anonyme Masse ein vorgeschlagenes Projekt direkt im Netz begutachten und es ebenso spontan mit einer Spende oder einem Darlehen unterstützen kann. Die populärste weltweit bekannteste Plattform ist die amerikanische Plattform kickstarter.com. Aber auch andere Namen kursieren, wie das deutsche Portal Pling, auf dem beispielsweise ein Leipziger Spielentwickler die ursprüngliche Spendenzielmarke von 10.000 Euro deutlich übertraf.

Ein weiteres Praxisbeispiel, das im Frühjahr bei kickstarter erfolgreich abgeschlossene Projekt Tiktok, zeigt das Potential von virtuellen Finanzgemeinschaften jenseits von vernachlässigbaren Kleinbeträgen auf. Eine kleine US-Firma bat im Netz um Unterstützung für ein neues Produkt. Und zwar für eine Halterung, um den iPod Nano als Multitouch-Armbanduhr zu konstruieren. Der Erfolg der Aktion ließ in diesem Fall nicht lange auf sich warten. Denn 13.512 Geldgeber spendeten insgesamt 941.718 Dollar. Die Entwickler hatten ursprünglich nur 15.000 Dollar als Spendenziel veranschlagt.

Ist der Stein aber einmal ins Rollen gekommen und stufen immer mehr Menschen aus der weltweit verstreuten Internetgemeinde die Idee als attraktiv ein, dann ist der Umweg über eine derartige Internetplattform für Unternehmen nicht nur eine gute Methode zum Geldeintreiben. Den Werbe- und Marketingeffekt gibt es, so zumindest lautet die fast euphorische Erwartungshaltung, gleich noch kostenfrei hinzu. Dies funktioniert aber nur, wenn bereits ein gewisser Bekanntheitsgrad vorhanden ist, man also die eigene Community als quasi zusätzliche Währungseinheit in den Crowdfunding-Kreislauf mit einbringen kann.

In der Schweiz können Jungunternehmer unter bestimmten Bedingungen Anteile an mögliche Investoren anbieten. Dieser Bedarfslücke versucht nun c-crowd Rechnung zu tragen. Die Betreiber haben ihr Geschäftsmodell dazu bereits mit einer Freigabe der schweizerischen Finanzmarkaufsicht FINMA abgesichert. Die zunehmende Beliebtheit von Crowdfunding auch in vermeintlich als konservativ angesehenen Milieus zeigt, dass sowohl Spender als auch Investoren damit begonnen haben, bestehende Strukturen zu hinterfragen.

Somit lässt sich feststellen: Der Markt für kleinteilige Wachstumsfinanzierungen mit niedriger Einstiegsschwelle befindet sich nicht nur im Kernrevier von Social Sponsoring und Fundraising in einer neuen Entwicklungsphase. Insbesondere Existenzgründer, Künstler, Startups und Kleinunternehmen adressieren mit Hilfe von Web 2.0-basierten Plattformen via Crowdfunding und Social Lending neue Chancen in der Unternehmensfinanzierung.

Die wachsende Akzeptanz von Crowdfunding und Social Lending offeriert auch der gesellschaftlichen Mitte neue Optionen, nämlich gewinnbringend konstitutive Elemente in die eigene Produktphilosophie zu integrieren. So könnten Geld- und Kreditinstitute sinnvolle Projekte in der näheren Region ausschreiben und auf einer breiteren Basis etablieren. Dies würde nicht nur die Markenpräsenz als renommierter Dienstleister am Ort stärken, sondern könnte darüber hinaus eine positive Sogwirkung im Neukundengeschäft entfalten.

Als Beispiel sei hier nur der Verweis auf ein hybrides Bankkonzept gedacht, der Filiale und Online-Präsenz einer Bank wirkungsvoll integriert. Beispiel: Eine Sparkasse in Gummersbach stellte auf ihrer Homepage ein Spendengesuch des Sport- und Fördervereins Freibad Bergneustadt auf ihre Homepage. Zielmarke: 200.000 Euro. Bis zum 11.04. 2011 kamen so 146.355,81 zusammen, was die Dynamik derartiger Aktivitäten als kommunikativer Hebel zum Kunden und dessen Mobilisierungspotenzial nur unterstreicht. Allerdings kann eine derartige Initiative kaum auf einer vordergründigen Marketingphilosophie aufsetzen. Jede einzelne, sorgfältig geplante Aktivität, sollte sich möglichst authentisch in das unverwechselbare Profil bzw. den ebenso konsistenten Markenkern der Bank einfügen lassen.

- **Achte Killerapp: Regulierung von Schattenbanken verkleinert Spielwiese**

Wie reguliert man die dunkle Seite der Finanzindustrie? Bislang sind staatliche Akteure an der globalen Regulierungsfront kaum von der Stelle gekommen. Die Preisfrage lautet, an welcher Stelle soll die Zähmung der Schattenbanken überhaupt ansetzen, um eine durchgreifende produktive Wirkung zu entfalten. Handelt es sich am Ende doch nur um eine drittklassige Theateraufführung?

Was Schattenbanken sind, das war bisher eine theoretische Diskussion, gedacht vor allem für komplex denkende Wirtschafts- und Finanzwissenschaftler, die um Worte rangen. Und zwar für ein Phantom, was sich kaum wirklich greifen oder gar bändigen ließ, sowie der Drache in der Nibelungen-Sage, der stetig Feuer speit. Mittlerweile ist der nach ein bisschen Finanzdemokratie Ausschau haltende Wutbürger auch nicht viel schlauer, immerhin vier Jahre nach Beginn der Finanzkrise, und ein Jahr nachdem die Staatsschuldenkrise in vollem Ausmaß sichtbar geworden ist. Deshalb versucht es der Autor mit einer vorsichtigen, möglichst neutral gehaltenen Definition, was sich hinter einem schillernden Begriff verbergen könnte.

Schattenbanken sind zunächst ein paralleles Geldwesen, das sich – je nach kultureller Ausprägung - durch den informellen Geldtransfer direkt zwischen Menschen oder Gruppen auszeichnet. Es umgeht im Sinne einer finanziellen Tauschwirtschaft die offiziellen Mechanismen von Staaten, Regierungen und Banken. Damit gemeint ist aber nicht jeder x-beliebige Bankkredit, wie ihn etwa unser Bundespräsident Christian Wulff in Anspruch nahm, der in den Bilanzen zweifellos nicht immer an der richtigen Stelle ausgewiesen ist.

Persönliche Beziehungen stellen bei dieser informellen Variante der Schattenbanken das zentrale Bindeglied in einem sorgsam nach außen gehüteten Vertrauensgeflecht dar. Und genau deshalb wäre generell eine deutlich größere Transparenz der Geldströme vonnöten. Jeder Weg der Zahlenströme sollte wie bei einer physischen Ladung via GPS zu orten sein, sofern deren geschäftlicher Endzweck nicht nach außen sichtbar ist, sondern in einen virtuellen Verschiebebahnhof einmündet, den selbst versierte Experten kaum überblicken können. Schattenbanken sind aber zweifellos auch eine kriminell organisierte „Schattenwirtschaft", die versucht, den Geldfluss mit allen Mitteln auf ihre eigenen Konten umzuleiten. Schattenbanken sind aber vor allem eines, ein aus dem Ruder gelaufenes, unreguliertes, nach außen jedoch vollkommen „legal" getarntes Finanzsystem, das sich durch seine eigenen Exzesse in den Ruin zu treiben gedenkt.

Im Fachjargon bezeichnen Experten das Umgehen von Steuern sowie das elegante Umschiffen von offiziellen Transportwegen als Offshore-Banking. Bei dieser Variante erweist die Finanzindustrie der Gesellschaft dadurch einen Bärendienst, indem sie den Unternehmen einen Lösungspfad durch diese Welt der Schlupflöcher hindurch ebnet. In welche geographischen Zielgebiete der Treasure Islands, also der Steuerparadiese, die großen Geldsummen letztlich einmünden, das hat der britische Autor und Journalist Nicholas Shaxson in seinem gleichnamigen Sachbuch über Jahre hinweg recherchiert und detailliert beschrieben.

In die Kategorie Schattenbanken sind auch Hedge-Fonds oder Geldmarktfonds einzusortieren, die an der Kreditvergabe beteiligt sind, jedoch aufgrund ihrer rechtlichen Struktur kaum einer Regulierung unterliegen. Zu den Initiatoren dieser meist nur mit geringem Eigenkapital unterlegten Geschäfte gehören etwa Private Equity, Vermögensverwalter, Staatsfonds, Broker und Zweckgesellschaften. Es gibt eine lange Liste, aber nicht alles und jeder ist gleich eine Schattenbank. Selbst konventionelle Banken werfen trotz der gestiegenen Eigenkapitalanforderungen immer längere Schatten, denn deren Verbindlichkeiten dürften mindestens ebenso hoch sein wie jene der unregulierten Marktteilnehmer. Es fällt deshalb schwer, eine idealtypische Grenzlinie zwischen einzelnen Akteuren zu ziehen, die sich dem gängigen Klischee von grauen Männern mit dunklen Koffern entziehen. Zumal sich auch die Internationale Staatengemeinschaft als Sachwalter von Gemeinschaftsgütern längst als fragwürdiger Akteur erwiesen hat.

Zumindest aber dürfen wir festhalten, Banken tun nicht nur Gutes, wie es der US-Ökonom Robert Shiller kürzlich einforderte, sie sind auch Teil eines großen Spiels an den Finanzmärkten, das mit dem Begriff Schattenbanken nur unzureichend etikettiert werden kann. Denn nur mit dem Finger auf andere Bad Banks zu zeigen, kann dazu führen, dass man die eigentlichen Strippenzieher hinter den Kulissen übersieht. Als nüchternen Befund jenseits von Schwarz-Weiß-Malerei steht vorerst somit nur die wenig hilfreiche Erkenntnis, Schattenbanken sind überall und nirgends. Wir sind quasi immer von ihnen umgeben. Wir tragen sie in uns und sie sind um uns herum, nur haben wir sie angeblich bis vor kurzem doch nicht so richtig bemerkt. Jetzt aber hat der Wutbürger Lunte gerochen.

So berichtete etwa die Basler Zeitung kürzlich darüber, wie die Schweizer Großbank Credit Suisse in undurchsichtige Finanzkonstrukte involviert ist, die immerhin eine Größenordnung von mehreren hundert Milliarden Franken umfassen sollen. Doch man braucht gar nicht den Gang über die ohnehin nur virtuell bestehende Grenzlinie ins Nachbarland anzutreten. Es gibt, oder sollte man sagen, es gab bis dato einen regen Zahlungsverkehr zwischen Deutschland und der Schweiz. Eine Studie der Unternehmensberatung Booz & Company kommt zu dem Ergebnis, dass in den nächsten Jahren bis zu 100 Milliarden Franken an Vermögen von Schweizer Banken ins Ausland abfließen.

Bislang schien einer derartigen Größenordnung angesichts des globalen Geldausstoßes jedoch der Charakter von „Peanuts" anzuhaften, davon ausgehend, dass wir es bei den Schattenbanken mit einer Größenordnung von zwei bis dreistelligen Billionensummen zu tun haben. Offiziell nachprüfbare Zahlen kann es in diesem diskreten Metier ohnehin keine geben. Da wir es nun, mit einer besonderen, quasi nicht ganz volljährigen Risikogruppe ohne erwachsene Aufsichtspersonen zu tun haben, stellt sich die brennende Frage, wie durchgreifend bzw. Erfolg versprechend die derzeit diskutierten Regulierungsansätze sein können.

• Welche Länder treiben und blockieren?

Der bisherige Status Quo sieht vereinfacht ausgedrückt so aus: Deutschland und Frankreich sind geneigt, die Auswüchse der gefräßigen Finanzindustrie ein bisschen zu regulieren. Die Briten halten davon gar nichts, und in den USA gibt es ebenso viele Befürworter wie Gegner, was bedeutet, dass die Thematik nicht so recht von der Stelle kommt. Wo man konkret ansetzen könnte, beschreibt in konzeptionellen Ansätzen Jochen Sanio, (Ex)-Chef der obersten deutschen Finanzaufsicht BaFin. Was also gibt es zu berichten? Es soll künftig bei der internationalen Regulierung von Schattenbanken jegliche, nicht von Banken durchgeführte Kreditintermediation erfasst werden, insbesondere wenn diese auf mangelhaften Risikotransfer oder undurchsichtige Hebelwirkungen (Leverage) hindeutet. Der Baustellen gibt es indes nur allzu viele, was die drohende Ohnmacht der Regulierungsarmada nicht gerade verkleinert.

Für die dem germanischen Kulturkreis zugehörigen Bürger zumindest gibt es eine tröstliche Nachricht: Während das Schattenbankensystem in Ländern wie Deutschland, Kanada oder Australien eine untergeordnete Rolle spielt, ist es nach offizieller Lesart der BaFin in den USA sehr ausgeprägt. Zwischenbilanz: Die internationale Task Force kommt mit offiziellem Segen der G20-Staaten sowie der OECD zu dem finanziellen Endergebnis, dass wir es bei den Schattenbanken mit einer Größenordnung von rund 60 Billionen US-Dollar zu tun haben.

Jetzt wo die finanziellen Fakten auf dem Tisch liegen, könnte es ans Eingemachte gehen. Den einen oder anderen Beobachter mag es auf den ersten Blick verwundern, dass die Regulierungsagenda nun ausgerechnet von dem marktliberal dominierten Finanzstabilitätsrat FSB (Financial Stability Board) getragen wird, einer Einrichtung, von der gerade deshalb nicht unbedingt ein konsequentes Vorgehen zu erwarten sein dürfte. Genannt sind insgesamt fünf Handlungsfelder: Erstens: Indirekte Regulierung, Geldmarktfonds, Andere Schattenbanken-Entitäten, Verbriefung und Wertpapieranleihe. Unter die Lupe genommen werden sollen nach offizieller Lesart dabei vor allem die unsichtbaren Querverbindungen zwischen legalem und illegalem Finanzsystem. Zahlreiche nationale wie internationale Organisationen sind in den langwierigen Entscheidungsprozess involviert, was dem Ganzen den Anstrich eines geduldigen Papiertigers verleiht.

An dieser Stelle könnte das Spekulieren um eine denkbare „achte Killerapp" in der Finanzindustrie nun getrost ein Ende finden, gäbe es da nicht Einschätzungen von Insidern in der Banken- und Finanzwelt, die tatsächlich konkret damit rechnen, dass das bisherige Schattenbankensystem in seiner derzeitigen Form nicht mehr weiter existieren kann. Oder wie es der frühere BaFin-Präsident Jochen Sanio so ausdrückt, er sähe allmählich Licht im Dunkel des Paralleluniversums, als deren Hauptverursacher er im Übrigen die Riege der Hedge Fondsanbieter ansieht.

Nicht nur über die wahren Schuldigen und Verursacher des Schattenbankensystems gehen die Meinungen auseinander. Die Frage lautet vor allem, wie kann man Schattenbanken regulieren, die immer einen Schritt voraus und einen Tick schneller sind. An dieser letzten Wegkreuzung zur Regulierung kann uns nun ausschließlich die Informationstechnologie jenseits von Heldenmythen etwas Trost spenden. Sie kann nicht nur dazu dienen, Spuren zu verschleiern, sondern diese auch sichtbar zu machen.

Im konkreten Fall beschäftigt sich in den USA die Banken- und Versicherungsbranche etwa mit FATCA (Foreign Account Tax Compliance Act). Dahinter verbirgt sich das Ziel, an Informationen über die Einlagen von im Ausland lebenden steuerpflichtigen Personen zu gelangen. Davon betroffen sind vor allem Kreditinstitute und Versicherer, die aufgefordert sind, Daten ihrer Kunden offen zulegen und an die US-amerikanische Finanzbehörde zu melden.

- **Schwarze Liste soll bis Jahresende stehen**

Etwas übertrieben sind zwar mediale Überschriften wie jene im Handelsblatt, die Finanzbranche zittere quasi vor diesem „US-Monstergesetz". Dennoch fürchten die Spitzenmanager quer über alle Bereiche auf globaler Front diesen bürokratischen Knebel, weil die Umsetzung der Vorgaben erstens Kosten verursacht, aber auch weil die regulatorischen Anforderungen andeuten, dass sich die eine oder andere Spur des Geldes doch bis zum Urheber trotz seiner kodierten Form zurück verfolgen lässt.

Die Kritiker der Finanzindustrie glauben zwar nicht an den großen Durchbruch, jedoch an die Politik der kleinen Schritte. Denn auch die Versicherer stehen als Zuarbeiter der Schattenbanken am Pranger. Konkrete Aussagen vom neuen Vorsitzenden des FSB Mark Carney klingen ambitioniert, wonach es bald eine „schwarze Liste" der Versicherungsgesellschaften geben soll, bei deren Erstellung man deutlich weiter fortgeschritten sei, als bei den systemrelevanten Großbanken und deren illegitimen Abkömmlingen der Fall.

Analog zu den so genannten Banken-Stresstests fürchtet die Branche nun weniger die Regulierung, sondern das Aussprechen von konkreten Namen. So kursieren derzeit nicht nur die Adressen von globalen Spielern in der Regulierungsszene, sondern auch regional operierende Institute wie die Österreichische Erste Bank. Im März dieses Jahres will der FSB dazu weitere Details mitteilen. Die Form der „schwarzen Listenführung“ von Schattenbanken dürfte die latente Nervosität in der Managerriege jedenfalls weiter erhöhen. Allein am virtuellen Pranger zu stehen, bedeutet gerade in Investorenkreisen das Risiko einzugehen, sich einen schleichenden Vertrauensverlust einzuhandeln. Und wie wir wissen, ist Kapital die scheueste Spezies unter allen Tieren auf der freien Wildbahn, das sich leicht wieder verflüchtigt, wenn es zu sehr gestört wird.

• Szenariowerkstatt – Schattenbanken (Die Bedrohung)

Limes zeigt sein wahres Gesicht

Im dritten Teil der Buchauszüge zu den Schattenbanken, stellt sich Limes vor, die mafiöse Organisation aus St. Petersburg. Und so sieht deren Arbeitsweise aus:

Igor war der Prototyp eines mit allen Wassern gewaschenen Verbrechers. Er bewegte sich auf der Prachtmeile am Newski Prospekt in St. Petersburg mit der grazilen Anmut eines Landmetzgers, um sich selbst zu versichern, dass er zur informellen russischen Schickeria dazu gehörte. In den neunziger Jahren hatte er mit Schutzgelderpressung sein Geld gemacht, im Revier der aufstrebenden Neureichen.

Viel Raffinesse brauchte man dazu nicht, nur die richtigen Kontakte und eine furcht einflößende Grimasse, die er als Ex-Geheimdienstler beim sowjetischen KGB ohnehin standardgemäß mitbrachte. Aber was dem Boss mit dem knorrigen Gesicht und der Glatze via Mittelsmann überbracht wurde, gefiel im gar nicht. Ein paar seiner Männer in Berlin waren unerwartet in der Obhut der Polizei gelandet.

Es galt die heißen Drähte wieder neu zu ziehen, nachdem konspirative Wohnungen in Berlin-Neukölln, Friedrichshain und Wedding aufgeflogen waren. Seine Lakaien hatten von dort aus per elektronische Post diverse Phishing-Attacken auf Bankkunden gestartet. Die Haftbefehle waren auf das Ausspähen von Internet- und Kontodaten ausgestellt.

Die Aktion ließ gerade kurz vor Beginn der Frauen Fußball Weltmeisterschaft in Deutschland aufhorchen. Der Staat demonstrierte seine Handlungsfähigkeit. Immerhin waren 160 Polizisten im Einsatz. Sechzehn Wohnungen waren durchsucht worden. Gegen drei seiner weisungstreuen Mittelsmänner wurde Haftbefehl erlassen. Der finanzielle Schaden hielt sich mit ein paar Zehntausend Euro zwar in ge-

wissen Grenzen, weil sich die Bande neben dem Kontendiebstahl durch Phishing auch mit Wohnungseinbrüchen refinanzierte, deren Erträge bereits in St. Petersburg gelandet waren.

Was den Bandenchef vielmehr beunruhigte, war die gewachsene Schlagkraft der Ermittlungsbehörden, die personell wie technisch aufrüsteten, um im Wettlauf mit den Cyberkriminellen nicht von vorne herein wie der sichere Verlierer auszusehen.

Doch Igor grinste nur: »Die werden mich nie kriegen.« Gegen Kritik von außen war der bullige Mittfünfziger mit dem einen oder anderen Tattoo in der Nähe seines sensiblen Weichteils allergisch. Der muskelbepackte Körper sollte Distanz ausstrahlen, so dass keiner es auch nur wagte, ihm ohne vorherige Zustimmung nahe zu treten. Er erwartete von den Seinen nichts weniger als bedingungslosen Gehorsam. Vielleicht brauchte man eine derartige Siegermentalität in dem weit verzweigten kriminellen Schattenreich von Limes, zu dessen Führungsstab sich Igor mittlerweile zählte.

So gab er sich nach außen betont gelassen, als ihm die bittere kleine Pille aus der deutschen Hauptstadt von seinen Gewährsleuten verabreicht wurde. Einen Igor Strawinsky würde niemanden aufhalten, schon gar nicht die schwerfällige deutsche Justiz. Mit dem gleichnamigen russischen Komponisten, der seine Heimat nach der russischen Revolution im vergangenen Jahrhundert nie wieder zu sehen bekam, verband ihn übrigens außer dem Namen rein gar nichts.

Aber wenn er etwas getrunken hatte, ließ er sich zu der Äußerung hinreißen, auch er kreiere klassische Meisterwerke, in diesem Fall der vollendeten kriminellen Anarchie. Wodkatrunken verglich er sich dann mit dem großen Kompositeur und sah sich als globaler Herrscher zwischen den Orchestergräben, als Dirigent einer Truppe, die im Schattenreich über alle Fertigkeiten eines großen Lehrmeisters verfügte.

Der Name der Organisation ‚Limes' war dabei eher zufällig entstanden. Von der Machtfülle und Größe markierte der Grenzwall einen indirekten geschichtlichen Verweis auf das Römische Reich längst vergangener Dekaden. Wobei Igor fand, dass seine geniale Aufgabe genau darin bestand, diesen Grenzwall nach innen zu verteidigen und nach außen mit einem gelegentlich brachialen Instrumentarium zu durchbrechen.

Und zwar mit Hilfe von Computerspezialisten, nach denen er gar nicht lange zu fahnden brauchte. Ein Heer von willigen und zu allen Schandtaten bereiten Hackern stand ihm rund um die Uhr zur Verfügung. Dafür brauchte man nur kleine Zeitungsinserate aufzugeben, getreu dem Motto: „Versierter Computerspezialist in allen gängigen Programmiersprachen gesucht. Geboten werden gute Bezahlung und viel versprechende Zukunftsperspektiven sowie Aufstiegschancen." Aber derartige Offerten sprachen sich auch ohne Zeitungen herum. An Dutzenden Technischen Universitäten und auf der Straße lungerten gut ausgebildete Fachkräfte herum.

Das Heer der Nachwuchsakrobaten in der Hackerwelt fand beim Staat oder in der freien Wirtschaft nicht genügend Unterschlupf. Von der lausigen Bezahlung ganz zu schweigen. Und da brauchte das Schattenreich von Limes nicht mehr zu tun, als am Straßenrand kurz mit dem Finger zu schnippen. Ein kleines Bonbon reichte bereits, um die Nachwuchsrekruten in die Honigfalle zu locken. Schon konnte man sicher sein, das virtuelle Schattenreich mit Frischlingen wieder um geballtes Know-how zu verstärken.

In dem einen oder anderen melancholischen Moment träumte der kleine Igor Strawinsky vom großen Coup. Seine Kumpane titulierten ihn aufgrund seiner ausladenden, aber leider zu klein geratenen Nase Big little Igor, aber nur dann, wenn er gerade nicht zugegen war. In stilisierten Glücksmomenten stellte der russische Pate sich als Protagonist in einem alten Hollywoodschinken vor. Er befand sich in einem vergoldeten Marmorpalast, mit dicker Zigarre, umgeben von lauter aufreizenden Mädchen, die nur eines im Sinn hatten, ihm jeden Wunsch von den Augen abzulesen.

Bis zu dieser edlen Form des Zeitvertreibs war er aber noch nicht vorgedrungen. Das kriminelle Alltagsgeschäft war von einer gewissen Mühseligkeit gekennzeichnet. Obwohl er in der Hierarchie nach oben gerückt war, hatte er die Weisungen aus der Moskauer Zentrale letztlich nur abzunicken. Limes ähnelte einer riesigen Datenkrake mit vielen Armen, deren glitzerndes Auge in unmittelbarer Nachbarschaft zum Kreml beheimatet war.

III. Kapitel – Die neue Macht der Kunden ohne Bank

• Ausblick zur Bank 2.0: Der Nutzer ist die Killerapplikation

Machen wir uns nichts vor: Welche Bank verzichtet schon freiwillig auf Gewinn, wenn sie nicht dazu von außen gezwungen wird? Oder gibt es jemand unter den Lesern, der die Kapitalrendite einer „einseitigen Verzichtserklärung" via Social Media genau herausrechnen und taxieren kann? Blicken wir trotzdem auf die andere Seite der Medaille: Wenn die Bank weiter in der Ecke wie ein angeschlagener Boxer stehen bleibt, wird sie bald zum Auslaufmodell gehören. Die Folgekosten dieser wankelmütigen Philosophie werden dann noch teurer.

Kommen wir gleich zum Punkt: Es erfordert eine komplett andere Art von Unternehmenskultur, wenn die Bank sich via Social Media mit den Kunden zum beiderseitigen Vorteil verabredet. Im Klartext: Da müssen nicht nur die Produkte stimmen, also tatsächlich „kundenfreundlich" sein, sondern auch die Mitarbeiter entsprechend belohnt werden, weil sie gut beraten, statt nur die Bank gut zu verkaufen. Dies bedeutet, der Interessenkonflikt in der Bank 2.0 zwischen Kunde und Anbieter kann nur dann aufgehoben werden, wenn die neue Führungskultur dies beabsichtigt und aktiv unterstützt.

Die Bankfiliale folgt dabei zweifellos in ihren Ansprüchen der virtuellen Filiale im Netz oder sie findet gar nicht mehr statt. Es geht nicht um ein paar hippe technische Accessoires und ein bisschen Mobile Banking, es geht um eine neu justierte Kundenbeziehung, bei der der Kunde plötzlich mit am Regiepult sitzt. Bedienen Banken nicht die Bedürfnisse der „Realwirtschaft", werden alternative Märkte und Finanzierungsinstrumente prosperieren, die ihnen allmählich das Fundament untergraben. Der vernetzte Mensch 2.0 bildet die „systemrelevanteste Komponente" innerhalb der Finanzwirtschaft. In der Bank der Zukunft greift der Kunde deutlich stärker als bislang der Fall in die Regie ein. Der Nutzer wird gerade im gehobenen Segment zum Investor.

• Neunte Killerapp: Neue Geschäftsmodelle attackieren Provisionsmodell

Das Ende der rein provisionsbezogenen „Beratungsqualität" zeichnet sich ab. Erste kleine Silberstreifen am Horizont sind erkennbar. Denn der Vertrauensverlust, der etablierten Finanzhäusern entgegenschlägt, treibt zumindest einen gewissen Prozentsatz an nachdenklichen Kunden dazu, sich tatsächlich auf die Suche nach alternativen Anlegeformen und -modellen zu begeben. Menschen interessieren sich plötzlich für mehr als Zinsen. Sie wollen wissen, wo ihr Geld bleibt und vor allem, wer es wie vermehrt.

Auch Brancheninsidern dämmert es langsam, wie die Bank der Zukunft aussehen müsste. Kurzum: In der Bank 2.0 wäre der Kunde tatsächlich zur Abwechslung mal der von der Straße eingesetzte König. Bleibt bloß die Frage, ob die Banken diese Entwicklung aktiv mitgestalten oder eher an den Rand gedrängt werden. Banking 2.0 bedeutet übrigens nicht, keine Gewinne zu machen und ausschließlich an andere zu denken, sondern ein Geben und Nehmen im gleichen Takt, zu ebenso fairen wie transparenten Austauschbedingungen. Wie gelingt das?

Ein bisschen Technik kann nicht schaden. Mit Hilfe von IT-Werkzeugen lässt sich innerhalb eines vordefinierten zeitlichen Rahmens ein kompletter Innovationskreislauf zu einem bestimmten Thema erzeugen und durchführen. So können Mitarbeiter auf einer speziell eingerichteten und moderierten Plattform binnen einer klar definierten Zeitspanne beispielsweise eigene Ideen zum innerbetrieblichen Vorschlagwesen einreichen. Kurzum, alles funktioniert auch ohne Filiale und Beratung. In der Tat kann man sich die Frage stellen, ob die 0815-Bankfiliale, aber auch die mit Hilfe von modernen Designern und Architekten aufgepeppte interaktive Wohlfühlzone, eine Zukunft hat, außer man muss gerade Briefmarken oder Umschläge kaufen, was leider immer seltener vorkommt.

Die Kernfrage bleibt dennoch unbeantwortet: Was um Himmels willen soll denn die Bankfiliale der Zukunft verkaufen, um das langweilige Geschäft mit provisionsgetriebenen Standardprodukten elektrisch aufzuladen. Die Konsequenz wird unausweichlich sein, menschliche Netzwerke zum Zwecke der privaten Kreditvergabe, statt maschinell gesteuerten "Provisionsmaschinen". Jenseits von Schwarz-Weiß-Malerei birgt das soziale Internet ein erhebliches Potential zur Bildung von Interessengemeinschaften. Die Dehierarchisierung der Finanzindustrie durch virtuellen Interessenausgleich wird eine anstrengende Form der Demokratie sein, zieht aber auch eine ziemlich spannende Entwicklung nach sich.

Der einzige systemimmanente Rettungsfallschirm in der Bankenwelt ist ohnehin die menschliche Kreativität und Arbeitskraft. Die Geldinstitute sollten selbst eine probate Strategie zur Eigenmittelvorsorge implementieren, aber auch neue Wege in der Liquidation von bestimmten Geschäftsteilen, die sich zur Gesellschaft kontraproduktiv verhalten, beschreiten. Letztlich bräuchten wir neben den großen Spielern vor allem kleinere Einheiten, die sich eine dezentrale Steuerung, auch unter Beteiligung der „niederen Schwarmintelligenz“ auf die Fahnen schreiben. Und die Banken müssten bereit sein, ich wiederhole es gerne gebetsmühlenartig an dieser Stelle, den Kundendialog auf Augenhöhe zu führen.

Das widerspricht jedoch den Marktregeln. Geld strukturiert sich nach „asozialen“ Kriterien. Größe und Macht scheinen sich immer durchzusetzen. Was aber, wenn die Netzkultur neue Wertschöpfungsmechanismen in der Wirtschaft ermöglicht und alte Flaggschiffe dadurch torpediert? Welcher Führungstyp ist denn künftig gefragt, damit die Bankkultur wieder Bestandteil der produktiv ausgerichteten Wirtschaft und Gesellschaft wird. In den USA graben kleine Regionalbanken der Wallstreet still und leise das Wasser ab. Der Grund: Die Bürger vertrauen dem unscheinbaren gläsernen Banksystem nicht mehr. Der Trend ist unübersehbar, so dass es nicht beim verbalen Bankenbashing bleibt. Ein Teil der Nutzer votiert künftig für ein anderes Machtgewicht, kleine, dezentral und flexibel aufgestellte Bankeinheiten gewinnen an Bedeutung. Deren Strahlkraft nimmt in dem Maße zu, wie sie die Bedürfnisse der lokalen Wirtschaft und Gesellschaft besser abdecken als die Black Box Bank, die Welt der als anonym beschriebenen großen Geschäftsbanken. Man darf gespannt sein, wie diese Entwicklung die Landschaft in den kommenden zwei Jahrzehnten prägen wird.

• Oder anders ausgedrückt: Die Peanuts-Revolution hat begonnen

Wichtiger als den moralischen Zeigefinger zu heben und Missstände in der Finanzindustrie aufzudecken, wo oftmals unklar ist, wer das trojanische Pferd ist, wäre es, weiter an kreativen und verlässlichen Alternativen zu feilen, damit diese sich professionalisieren. Und genau deshalb haben neue Anlagemodelle tatsächlich das Potential, in einem mittel- bis langfristigen Prozess die Bankenwelt zu revolutionieren.

Es könnte längerfristig betrachtet sogar der Super-Gau für die klassische Finanzwelt werden, zumindest so wie wir sie kennen. Was passiert, wenn die Nutzer plötzlich sagen: Meine Bank nimmt hohe Gebühren, sie ist eine Black Box, ich verstehe die Produkte nicht. Und es gibt plötzlich Alternativen, den eigenen Geldstrom selbst kreativer zu lenken. Warum diesen Job nicht via Crowdfunding und Social Lending erledigen, bei dem IT-Dienstleister quasi in die Rolle der Bank als zentrale Vermittlungsinstanz rücken.

Es wird von vielen Experten, Ökonomen oder Bankmanagern zwar immer noch als eine kleine „Peanuts-Ökonomie" angesehen, die freilich mit dem Siegeszug der sozialen Netzwerke enorm nach oben skalieren kann. Vor allem dann, wenn wir weitere Krisenszenarien in der Finanzwelt sehen und gerade jüngere und gut ausgebildete Internetnutzer sich einem anderen „finanziellen Ökosystem" zuwenden, bei dem sie selbst in den Gestaltungsprozess eingreifen können, also den Weg des Geldes von A nach B mitbestimmen.

Die zentrale Killerapplikation in der Bank 2.0 ist der Kunde, denn er klärt die Verkäufer nicht nur über ihre Produkte auf, sondern zwingt aufgrund seines internetbasierten Vernetzungsgrads die Finanzindustrie auch bessere sprich effizientere Produkte zu kreieren. Für die neuen Spieler in der vernetzten Bankenwelt gilt indes: Wer im Innovationszug ganz vorne sitzt, holt sich vermutlich eine blutige Nase. Der Gegenwind bläst forsch ins Gesicht. Aber es ist auch das Gefühl, an der Entstehung von etwas Neuem beteiligt zu sein. Wer in der Mitte des Zuges sitzt, fährt dagegen bequem und relativ risikolos, irgendwie gut genährt, aber auch langweilig. Vielleicht wird man bald schon in die hinteren Waggons durchgereicht. Denn ganz hinten, da wird der eigene Wagen ganz vom Zug abgehängt. In welchem Zugabteil möchten Sie am liebsten mitreisen?

- **Zehnte Killerapp: Mobiles Bezahlen (Peer-to-Peer) stärkt Nutzerautonomie**

Wie sieht das Mobile Banking der Zukunft aus? Sicherlich sind innovative technische Tools von großer Bedeutung. Banking übers iPhone oder iPad, interessante Apps und mobile Anwendungen sind aber nur die eine Seite der Medaille. Es dürfte von Vorteil sein, sich statt der technischen Spielwiese auch verstärkt um die Inhalte zu kümmern, die letztlich den nicht leicht austauschbaren Mehrwert im Sinne der Markt- und Markendifferenzierung erst erbringen. Um als gewichtiger Spieler in der Branche ein konkretes Unterscheidungsmerkmal aufzuweisen, sind also kreative Ideen gefragt, die vor allem dem Kunden einen Nutzen bieten, und nicht nur oder vor allem der Bank.

Dies kann beispielsweise durch fachlich fundierte graphische Aufbereitung zu den eigenen Produkten, Chancen- und Risikoklassen geschehen, durch ungeschönte Einblicke in den Alltag der Kundenberater – und natürlich durch zahlreiche Möglichkeiten für Feedback-Schleifen, die jedoch nicht als vordergründig getarnte unidirektionale Einbahnstraßenkommunikation zu gestalten sind. Wir stehen hier am Anfang einer spannenden Entwicklung, und ich bin mir sicher, dass in einer Branche, die sich über Jahrzehnte kaum durch Neuerungen in den Geschäftsmodellen ausgezeichnet hat, sich in diesem Jahrzehnt am „Frontend" der realen oder virtuellen Ladentheke vieles bewegen und verändern wird.

Wie könnte die Bank der Zukunft also aussehen? Aus meiner Sicht wäre es ein Geld- oder Kreditinstitut, das nach innen effizient arbeitet und keine unnötigen Kosten produziert, also ein schlanker Verwaltungsapparat und eine am Kundennutzen orientierte nachweisbare Produktgestaltung mit sinnvollen Messkriterien. Nach außen ist es eine hybride Bankfiliale mit dem Komfort und der Leichtigkeit der sozialen Netzwerkkommunikation, die zudem mit dem Kunden keine irreführenden Spiele spielt, indem sie das „Big-Brother-Prinzip" auf das Web 2.0 überträgt.

Aber auch hier kann sich die Internetgemeinde Trost spenden: Wo sich gute Ideen hinter der Bank 2.0 verbergen, wird sie im globalen Dorf ein positives Votum über deren weiteres Schicksal abgeben. Wo nur Etikettenschwindel und dreiste Anmache dahinter steckt – vermeintlich auf Augenhöhe mit dem Kunden, jedoch unterhalb der Gürtellinie lanciert – dann lässt sich diese Praxis zumindest über direkte Kommentare auf einschlägigen Blogs und über Twitter, Facebook & Co. rasch entlarven. Ein Mausklick von der nächsten Straßenecke reicht.

Wie die Bankenbranche teilweise im Netz auch unberechtigt zur Zielscheibe von Kritik werden kann, das zeigte sich im Januar dieses Jahres am Beispiel der Direktbank ING-DiBa. Eigentlich schien man für die Welt der neuen interaktiven Kundenbeziehung bereits gerüstet. Deutschlands größte Direktbank hat immerhin die innovative Plattform finanzversteher (www.finanzversteher.de) etabliert. Neben Basisinformationen über Risiken und Chancen einzelner Anlageklassen gibt es dort einen „Geldautomaten-Radar", aktuelle Nachrichten über ein regelmäßig gepflegtes Blogformat sowie ein Youtube-Fernsehzimmer.

Die Direktbank ist in Deutschland die größte mit ungefähr sieben Millionen Kunden. Sie befindet sich seit längerem im Höhenflug und verzeichnet seit der Finanzkrise einen noch dynamischeren Zuwachs. Soweit, so gut. Lassen wir mal den Werbejargon beiseite. Nun aber das: Wer den Fernsehspot hat, braucht für den Shitstorm nicht mehr zu sorgen.

Damit hätten die Verantwortlichen sicherlich nicht gerechnet, dass die Social Media Community sich ausgerechnet ihrer untadeligen Werbeikone Dirk Nowitzki, dem deutschen Vorzeigestar in der amerikanischen Basketball-Liga, in negativer Weise annimmt. Der Grund war ein seit geraumer Zeit über die deutschen Bildschirme zur besten Sendezeit flimmernden Fernsehspot, bei dem Dirk Nowitzki einen Auftritt in einer deutschen Metzgerei hat. Dass der Kauf einer Wurst eine virtuelle Protestlawine im Netz auslösen würde, damit hätten wohl die wenigsten gerechnet.

Man könnte den Vorgang sogar mit einem gewissen Schmunzeln quittieren, in einem Land, in dem ideologische Grabenkämpfe zwischen vermeintlich Gut und Böse ja eine lange Tradition haben. In diesem Fall hat sich die Community in die sich quasi virtuell bekriegende Fleisch- und Gemüsefraktion aufgespalten. Die einen hassen den Werbespot in der Metzgerei, die anderen finden ihn völlig normal.

Versuchen wir aber die Debatte um die ING-DiBa mal jenseits von Schwarz-Weiß-Malerei zusammen zu fassen:

- Kein Unternehmen sollte sich seiner Werbeikonen zu sicher sein, es gibt immer eine Schwachstelle, es menschelt überall (bei einer Bank bekanntlich besonders).
- Wer als Unternehmen Social Media nicht in seine klassische Werbekampagne von Beginn an einbezieht, der hat ein „missing link", es fehlt das Bindeglied von den Pop- und Sportstars, den Schauspielern, die in Glanz und Glamour leben, zum wirklichen Leben. Das macht solche von oben aufgesetzte Kampagnen trotz Popularitätsbonus jederzeit angreifbar.
- Es erfordert deshalb einen neuen Werbestil, nicht nur von den Marketing- und Vertriebsabteilung maß geschneidert, und von hoch bezahlten Agenturen umgesetzt, sondern ein kreativer Mix, für den neue Spielarten der Unternehmenskommunikation auf Augenhöhe mit den Kunden zuständig sein sollten.
- Fazit: Für die Banken ist Social Media immer noch eine hübsch anzusehende aber nicht zwingend verpflichtende „soziale Zusatzapp". Diese Philosophie wird künftig nicht mehr ausreichen. Die Bank sollte gerade bei unangenehmer oder gar unberechtigter Kritik reaktionsfähig sein.

Daraus habe ich für die Leser zehn Thesen zur Neupositionierung der „Direktbank 2.0" abgeleitet:

•1. Der Kunde wirkt aktiv am Produktdesign mit.

•2. neue Formen der Öffentlichkeitsarbeit machen Schule

•3. Den stabilen Markenwert machen nicht nur Werbestars wie Dirk Nowitzki aus, sondern auch die „Community", gute Konditionen und ein reibungslo ser Online-Service reichen also nicht mehr aus.

•4. Alt- und Neueinsteiger verwässern die Kernkompetenzen der „klassischen" Online-Direktbanken.

•5. Der Wettbewerb intensiviert sich durch neue Internetbanken.

•6. Die Direktbank muss sich mit Hilfe des Web 2.0 neu erfinden.

•7. Dieser Prozess erfordert eine grenzüberschreitende Methodik in der Zielgruppenorientierung.

•8. Unternehmerische Kernprozesse sind Community-basiert auszurichten.

•9. Neue Wege eines ebenso effizient wie pragmatisch nachhaltig ausgerichteten Online-Banking-Modells wären die Folge.

•10. Die Direktbank 2.0 (re)positioniert sich am lebendigen Pulsschlag der neuen Internetwirtschaft.

Fest steht somit jenseits von Euphorie und Ablehnung von Social Media: Die Killerapplikation bei der Bank 2.0 ist der Kunde selbst in jeder Hinsicht, als menschliches Wesen, der gewisse Anpassungen von der Basis her jederzeit einfordern kann. Hinzu treten in den kommenden Jahrzehnten die wirtschaftlichen Belange der Umwelt- und Sozialpolitik auf globaler Ebene, die einige Risiken aber auch zahlreiche neue Chancen für eine stärker am Puls der Realwirtschaft angesiedelte Finanzindustrie bergen. Beides sind die Achsen, denen die Branche künftig in ihren elementaren Bedürfnissen Rechnung zu tragen hat.

Kommt bald schon die mobil vernetzte Direktbank 2.0 für den Massenmarkt? Schaut man sich die Dynamik des Online-Bankings an, so ist zu vermuten, dass wir an der Schwelle zum nächsten Innovationssprung stehen. Was Ende der neunziger Jahre mit der ersten Generation der Direktbanken begann, dürfte in diesem Jahrzehnt an neuen und ausgesprochen vielfältigen Farben hinzu gewinnen. Einerseits scheinen sich die Marktführer darauf verlassen zu können, hier gerade im Ringen um die effizientesten Transaktionskosten und sonstigen Kosten auch weiterhin an der Marktspitze positioniert zu sein.

Jedoch könnte dieser Schein trügerisch wirken, die Wechselbereitschaft bei den Bankkunden hat enorm zugenommen, was binnen kürzester Zeit zu einer schleichenden oder gar beschleunigten Kundenabwanderung führen kann. Hinzu kommt, dass insbesondere die führenden Innovatoren aus der IT-Industrie wie Google, Amazon, Facebook, Paypal und andere durchaus in der Lage sind, eine neue Generation von (mobilen) Bezahlmodellen im Netz zu starten und über bereits etablierte Absatzwege in kürzester Zeit in den Massenmarkt hinein zu treiben.

So wird nicht nur Google das mobile Bezahlen ermöglichen. Es werden Facebook Apps mit Facebook Credits und damit mit Kreditfunktionen kombiniert werden. So verfügt Paypal über eine Vollbanklizenz und könnte dem Markt der Internetbezahlverfahren erneut einen Schub verleihen. Auch andere IT-Größen aus dem geschäftlichen Umfeld könnten vorpreschen. Und von der Basis der Finanzverbraucher aus rücken in diesem Jahrzehnt neue Innovationstreiber nach vorne, die sich mit Begriffen wie Community Banking, Social Lending und Banking sowie Crowdfunding verbinden. Diese üben einen nicht unerheblichen strategischen Innovationsdruck auf die gesamte Branche aus, wobei aus Sicht der klassischen Direktbanken der Wettbewerbsvorteil gegenüber den um soziale Medien angereicherten neuen Spielern schrumpfen wird.

Illustriert werden kann der damit verbundene Weckruf am Fallbeispiel von Nokia, ein Unternehmen, das zu Beginn dieses Jahrtausends immerhin den Mobilfunkmarkt dominierte. Nur wenige Jahre später war der finnische Spieler wieder von der Spitze der Innovationspyramide verdrängt, um heute in der Partnerschaft mit dem „großen Bruder“ Microsoft sein Heil zu suchen. Die gelernte Lektion: Wer sich zu sicher fühlt, den bestraft die Geschichte. Wer hingegen die Klaviatur der neuen Spielregeln auf Augenhöhe mit dem Kunden möglichst kreativ beherrscht, konsequent integriert und fortlaufend anwendet, der wird sich in diesem Jahrzehnt einen signifikanten strategischen Wettbewerbsvorteil erarbeiten können, den andere nicht so leicht kopieren können, wie dies vielleicht bald schon bei einer kostengünstigen Anwendung für das Online-Banking mit attraktiven Konditionen beim Tages- oder Festgeld der Fall sein wird.

Somit lässt sich bilanzieren, dass Social Media von der nächsten Straßenecke die klassische Bankenlandschaft ebenso verändert wie die Medien-, PR-Branche oder die Unternehmenskommunikation. Dieser Wandel birgt große Chancen, nämlich sich als Direktbank 2.0 am „autonomen“ und lebendigen Pulsschlag des Kunden neu zu positionieren. Alle Beteiligten sind in diesem permanenten Lern- und Veränderungsprozess täglich dazu lernende Akteure. Zwar gibt es keine Blaupause für die künftige Bankenlandschaft. Aber fest steht auch: Die „mobil vernetzte Direktbank 2.0“ wird in ihr einen fundamentalen, integralen Part spielen, sofern sie die neuen Spielregeln beherrscht.

• Szenariowerkstatt – Schattenbanken (Die Lösung)

Lichtbank: Kreatives Gegenmodell zum globalen Bankensystem

Als letzter Einblick und positiv bilanzierende Leseprobe folgt nun mein kreatives Gegenmodell zur Black Box der Schattenbanken, ein kurzer Buchauszug zur fiktiven „Lichtbank", die in meinem Buch einen zentralen Platz zwischen alter und neuer Bankenwelt einnimmt. Aber lesen Sie doch selbst:

Mitten in einem Berliner Problembezirk, wo es sonst kaum etwas zu lachen gab, gab es für die Aktivisten von Virology kaum mehr ein Halten auf ihren klapprigen Stühlen. Man war außer sich vor Freude, nachdem es gelungen war, sich unbemerkt in die Datenbank einer der führenden Rating-Agenturen einzuklinken. So lautete jedenfalls die inoffizielle Version. Es herrschte Wirtschaftskrieg, jeder verabreichte Giftspritzen, die schleichend ihre Wirkung entfalteten. Geführt wurde er vor allem mit Bordmitteln der modernsten Nachrichtentechnik. Für die andere Seite ging es nur darum, möglichst schnell ein Gegengift zu entwickeln. Die Hacker Community war, ob sie wollte oder nicht, ein Teil dieses großen globalen Spiels, bei dem Milliardenbeträge hin und her geschoben wurden, wie sonst Jetons auf dem Rouletttisch.

Die kaum zu übersehende Vormachtstellung der drei großen amerikanischen Vertreter musste man einfach mit kreativen Waffen angreifen. Denn ein ebenso geräuschlos wie durchgreifend operierendes Triumvirat hatte sich ganz oben an der Bewertungsfront etabliert. Jeder Schuld- oder Freispruch war wie ein Urteil vom Jüngsten Gericht. Die Maskerade der seriös Kostümierten bestand aus der Leitwährung Vertrauen und Glaubwürdigkeit. Auf den Finanzmärkten gab man sich als Bewahrer der finanziellen Rechtsstaatlichkeit, gegenüber einem undurchsichtigen virtuellen Schattenreich.

Die Insel der Glückseligen, auf die bis dato nur die Branchenführer Fitch, Standard & Poor's und Moody's freien Zugang erhielten, war ein ideales Operationsgebiet, um in Hackerkreisen frische Lorbeeren einzuheimsen. Der weiße Hai fühlte sich sicher vor den Zierfischen, denen ein Platz am Rande des Wasserbeckens vorbehalten war. Europäische Politiker wirkten angesichts dieser Maschinerie wie einfältige Schulerjungs, die ihre Hausaufgaben nicht ordentlich gemacht hatten und jetzt von der Lehrerin eine schallende Ohrfeige verabreicht bekamen. Dabei stand dem Weltpolizisten USA das Wasser selbst bis zum Halse.

Bei Virology sah man die Strafaktion gegen die Ratingdummies umso mehr als Akt der schöpferischen Zerstörung. Das sollte der Internetgemeinde signalisieren, wenn sich nur Viele zusammen täten, dann sei ein alternatives Demokratiemodell möglich, bei der die Basis große Finanzströme produktiv mitlenkte. In dieser neu-

en Kreativvariante, die die Virologen unbemerkt auf die Webseite von Standard & Poors einschmuggelten, erhielt Griechenland ein Y. Portugal wurde sogar mit der besten Glaubwürdigkeitsnote Z ausgezeichnet.

Zuerst bemerkte man den eigenartigen neuen Finanzalgorithmus bei besagtem Unternehmen nicht. Es waren nur Zahlenkolonnen, deren routinierte Ausübung seit Jahrzehnten zum Alltagsgeschäft gehörte. Als die ersten Marktanalysten aufgeregt anriefen, setzte hektische Betriebsamkeit ein. Der Pressesprecher dementierte den Wahrheitsgehalt des nur von A bis D reichenden Kennzahlensystems zur Kreditwürdigkeit umgehend. Man gelobte vor der ganzen Weltöffentlichkeit Besserung, ein derartiger Einbruch in das Computersystem würde sich nicht wiederholen.

Natürlich streute man auch in der Hackerszene ein bisschen ungenaue Informationen, um sich mit dem Vorfall intern zu brüsten. Denn es war den Aktivisten lediglich gelungen, die Webseite Standard & Poors kurzzeitig zu deformieren. Man war also gar nicht bis ins Innerste einer der drei Branchenriesen vorgedrungen, sondern bastelte kreativ an der IT-Peripherie herum. Aber diese unkorrekte Schilderung war nicht so schlimm. Die Medien hatten den Vorfall längst aufgegriffen, der sich über die sozialen Netzwerke wie eine mächtige Resonanzwelle ausbreitete. Der dadurch entstandene Flurschaden im Image bei den Ratingorganisationen war Bestätigung genug.

Die Virologen hatten es der ganzen Netzgemeinde gezeigt: Ihr Zahlenverdreher da draußen verkündete eine klare Botschaft: Ihr rechnet zuerst die Zahlen schön und gebt der Braut die Mitgift gratis hinzu. Wenn es Euch dann plötzlich opportun erscheint, dann tragt Ihr dazu bei, Nationen wie Griechenland und Portugal auf die Insel der Verdammten zu deportieren. Ihr spielt das Orakel von Delphi. Die mit den Buchstaben Y und Z deformierte Internetseite sollte diesem Gebaren eine andere, eine frische Botschaft entgegensetzen: Ihr kommt auf Eurer luxuriösen Insel nicht völlig ungeschoren davon. Man hatte sich einen genialen Masterplan ausgedacht, wie man der Finanzindustrie endgültig in die Suppe spucken würde.

Man kreierte dazu bei Virology kurzerhand eine eigene Währungseinheit. Die Bytecorns sollten für die Nutzer der Dreh- und Angelpunkt zu einer „Lichtbank" darstellen, wie sie es in einem internen Strategiepapier nannten. Man verstand darunter eine geistige Zufluchtsstätte, die im grellen Kontrast zum schmutzigen Geld in der gefräßigen Finanzindustrie stand. Wenn es irgendwann zum großen Knall in der Bankenwelt käme, so argumentierte Max, dann hätte man immerhin einen eigenen Lebensraum geschafften, ein finanzielles Biotop, das wenigstens den Jüngeren eine Perspektive aus dem ganzen Schlamassel aufzeigte. Das Brainstorming für diese neue Bank beziehungsweise virtuelle Währungseinheit warf kontroverse Diskussionen auf. Den anderen waren die bisherigen Ansätze wie die Bitcoins, die es auf dem Markt schon einige Zeit gab, nicht radikal genug. Andere wiederum witterten die schleichende Unterwanderung durch kriminelle Gruppen, da die Zahlungen anonym erfolgten.

Über eines allerdings war man sich einig: Die Aktivisten trachteten danach, ihr Geld dem realen und vollständig korrupten Finanzsystem dadurch zu entziehen, dass sie alles mit jedem in einem inneren Zirkel über die neue Einheit austauschten. Aber Virology gelobte einiges anders und vielleicht besser zu machen als die bisherigen Vorbilder, die durch Kritik von außen ins Gerede kamen. Auch Max sah das virtuelle Geld noch nicht als durchdachte Alternative zum Mainstream an. Man wollte in der Lichtbank deshalb unterschiedliche Ansätze unterstützen. Man griff dabei auf die Grundidee von Open Source zurück, um den allseits verfüg- und teilbaren Quellecode für Bytecorns transparent zu machen. Alle bisher existenten Alternativen, bis hin zu den Regionalwährungen, sollten in einen großen gemeinsamen Topf wandern. Man bediente sich der Grundgedanken von offenen Informationssystemen. Jeder Kunde sei so wichtig wie die Bank als Ganzes, ein Einzelner würde so zum Teil eines besseren Ganzen, so jedenfalls hoffte man es.

Ein demokratisch aus den Genossen bzw. Mitgliedern zusammengesetzter Lichtrat wachte mit Argusaugen über die Geschäftspraktiken. Jede Änderung war in einem manchmal quälend langsamen Diskussionsprozess miteinander abzustimmen. Das Ringen um die beste Lösung mit vielen kleinen Schlageinheiten sollte von vorne herein ein „too big to fail" vermeiden. Das Feindbild war ein furcht einflößendes monströses Finanzkonstrukt, auf das trotzdem keiner wegen seiner Größe verzichten konnte. Dieser Ausgeburt eines kranken Finanzwesens galt es, so hatte der Lichtrat sein salomonisches Urteil ausgesprochen, zunächst durch eine limitierte Anzahl von Nutzern entgegenzuwirken. Jeder einzelne Kunde wurde sorgfältig geprüft. Insofern unterschied man sich kaum von jeder x-beliebigen Durchschnittsbank. Weibliche Lichtbanker hatten sogar eine Stimme mehr als die Männlichen. Die Frauen wurden so im permanenten Stellungskrieg zwischen beiden Geschlechtern mit einer besseren strategischen Ausgangsposition versehen. Keiner liebte die Quote, aber irgendwie beförderte sie den Wandel.

Alles wirkte durchdacht. Es gab bei der Lichtbank coole technische Funktionen, es herrschte vollständige Transparenz. Man sah am Computer mit Hilfe eines virtuellen Trackingtools genau, wo sich die wertvolle Geldfracht gerade befand, an welchem Verkehrsknotenpunkt sie gelandet war, und in welche Kanäle sie alsbald einzumünden gedachte. Auch die Abteilung Beschwerdemanagement funktionierte reibungslos. Jeder Kunde, dem irgendetwas nicht passte, konnte sich über eine benutzerdefinierte Schnittstelle Luft machen, so dass alle Anderen jederzeit über den Stein des Anstoßes informiert waren. Selbst jede noch so kleine Änderung im Geschäftsgebaren war erlaubnispflichtig bei der Community.

Epilog Money School: Wie Kinder ihren Eltern den richtigen Umgang mit Geld beibringen [4]

Neulich hatte ich einen Traum. Ich war wieder ganz Kind. Der Regen prasselte bei Sonnenaufgang gegen die Fensterscheiben. Die Wolken hingen bedrohlich tief. Ich dachte über mein Leben nach, das auf mich wartete. Irgendwie war ich mit den Erwachsenen unzufrieden. Sie hatten mir die Welt noch nicht so richtig erklärt.

Jedenfalls verstand ich nicht viel davon. Sie redeten auf mich ein, was ich zu tun und zu lassen hätte. Das Spielzeug im Sandkasten und mein Zimmer sollte ich wieder mal besser aufräumen. Dabei sah es in der Welt der Erwachsenen doch nicht ordentlicher aus. Dabei könnten Papa und Mama doch so viel von mir lernen.

Jeden Monat kriege ich Taschengeld. Damit muss ich irgendwie klar kommen. Die aber jammern und quatschen am Abend ständig über unbezahlte Rechnungen, das Haus sei immer noch nicht abbezahlt, obwohl Papa wirklich viel arbeitet. Aber es reicht nie, das liegt aber nicht daran, dass wir zu gefräßig sind.

Mein neues Fahrrad hab ich mir sogar in den Ferien selbst zusammen gespart. Na ja, fast alles jedenfalls. Hecke schneiden und Rasen mähen beim Nachbar, Zeitungen austragen und was sonst alles so anfällt. Okay, die Eltern haben auch noch was dazu gegeben. Trotzdem muss ich immer mit allem klar kommen und die klagen nur, dass am Ende des Monats kein Geld mehr da ist.

Vor allem für uns Kids. Neulich im Fernsehen hab ich ganz große Augen gemacht, als ich gesehen hab, wie viele Schulden die Erwachsenen bereits angehäuft haben. Echt krass. Wie sollen wir das abbezahlen, wenn wir selbst groß sind und die Verantwortung tragen – das ist doch ziemlich uncool, findet Ihr nicht auch?

Komme mir deshalb vor wie eine kleine Sardine im Meer. Der Schwarm dreht und wendet sich ständig nach links und rechts, kommt aber nicht so recht vom Fleck. Daraus werde ich nicht mehr schlau. Ich finde, die Erwachsenen könnten endlich mal was von uns lernen.

4 Siehe den Blogeintrag auf Social Banking 2.0 v. 17.09. 2010. Link: http://lochmaier.wordpress.com/2010/09/17/money-school-wie-kinder-ihren-eltern-den-richtigen-umgang-mit-geld-beibringen/.

Wie soll ich später mal mein Zeug auf die Reihe kriegen, wenn ich Geld brauche, um zu studieren oder um eine Familie zu gründen. Ihr habt Probleme, die ich später lösen darf. Ich lege mein Geld jetzt lieber wieder in das kleine Sparschwein und achte darauf, dass es keiner klaut. Warum macht Ihr das nicht genauso? Die Schuldenuhr tickt für Euch und gegen mich, warum habt Ihr das noch nicht begriffen?

Wie wäre es, wenn Ihr statt immer mehr Miese auf dem Konto anzuhäufen, Euch einen Vorratskeller anschafft, zu dem Ihr mir später den Schlüssel gebt, wenn ich groß genug bin – um es vielleicht besser zu machen als die Erwachsenen. Denn die sind ganz schön doof, weil sie viel schlechter rechnen als ich in der Schule.

Warum baut Ihr immer höhere Luftschlösser und Wolkenkratzer, die keiner braucht? Ich möchte mich doch geräuschlos und leicht wie eine Feder bewegen. Wenn Ihr so weiter macht wie bisher, dann baut Ihr heute die Straßen, auf denen wir morgen nicht mehr fahren wollen. Was für eine Geldverschwendung.

Printed by Books on Demand GmbH, Norderstedt / Germany